눈으로 읽고 마음으로 옮겨쓰는

소선지서

(호세아~말라기)

시작한 날 : 년 월 일

끝마친 날 : 년 월 일

❖ 왼쪽면을 따라쓰실 때 반을 접어서 쓰시면 훨씬 수월합니다.

눈으로 읽고 마음으로 옮겨쓰는

소선지서(12권)

초 판 1쇄 : 2024년 4월 12일

발 행 인 : 황경자

발 행 처 : 도서출판 두돌비

등록번호 : 2006. 8. 17 제 2006-12호

주　　소 : 서울시 중랑구 동일로 107길 12

전　　화 : (02) 964-6993 | 팩스 : (02) 2208-0153

E-mail : 153books@hanmail.net

ISBN 978-89-85583-90-9

◈ 각 권의 기록 목적

◈ 호세아

8세기에 활동한 선지자로 '여호와는 구원이시다'. 의 뜻을 가지고 있으며 음란한 아내 고멜을 향한 호세아의 사랑의 모습을 통하여 혼인이라는 언약적 관계에 근거하여 타락한 북이스라엘을 향해 하나님의 신실하신 사랑으로 회복의 소망을 제시하는 메시지를 담고 있다. 이는 우리에게 영원한 신랑 되신 예수님을 소망하게 한다.

◈ 요엘

기록 연대는 정확한 언급이 없으며 '여호와의 날'은 멸망의 날(1:15), 캄캄한 날(2:2) 심히 두려운 날(2:11)이며 죄로 인해 심판과 애통의 날이 될 것을 선포하고 있다. 즉, 죄악을 버리고 돌이키는 준비된 자들에게는 소망의 날이 되며 그렇지 않은 자들에게는 심판과 무서운 멸망의 날이 될 것을 선포하고 있다. 최종적으로 여호와의 날은 온 세상에 임할 심판임을 말하고 있다. (이른 비와 늦은 비를 통한 성령의 임하심을 강조함)

◈ 아모스

직업적인 선지자가 아니며(7:14) '짐을 진 자'라는 뜻을 가진 남 유다 사람으로 외적인 부요와 번영으로 인해 믿음을 잃어버리고 패역과 탐욕으로 가득 찬 북 이스라엘을 향한 하나님의 심판과 회복을 선포하는 특별한 임무를 맡은 자이다. 특히 하나님의 말씀에 의거하여 공의를 행하는 자들(5:24), 즉 남은 자에 대한 약속을 담고 있으며 선민이라 할지라도 불의를 행하면 심판을 면할 수 없다는 사실과 주변 나라들의 심판과 하나님은 세계 만민을 공의로 심판하시는 주권자이며 더 나아가 메시아 왕국 도래에 대한 약속을 제시하고 있다.

◈ 오바댜

예언서중 가장 짧은 책이며 '여호와의 종'이란 뜻을 가진 선지자로서 야곱의 형제 나라 에돔에 대한 심판을 선포하고 있으며 더 나아가 열방에 대한 심판으로 확장한다. 에돔이 심판을 받는 이유는 첫째로는 교만이며(4), 둘째로 형제의 불행에 대해 방관하며 즐거워하였다.(10,12) 더 나아가 열방 또한 에돔처럼 악한 의도를 가지고 하나님의 백성을 대적하는 자들을 심판하시며 거룩한 남을 자를 통하여 하나님 나라의 왕국이 이루어짐를 말하고 있다.

◈ 요나

요나는 B.C 782~753까지 여로보암 2세가 다스리던 시기에 활동했던 선지자이다. 요나의 사건은 온 우주의 창조주이신 여호와께서 이방민족에게도 지대한 관심을 갖고 계심과(4:2) 요나를 통해 하나님의 큰 구원이 선포되고 회개를 통한 구원이 있음을 보여준다.(2:9) 처음에는 회개를 전파하기를 거부해 물고기 뱃속에 밤낮 3일간 있었던 사건은 이는 그리스도의 부활에 비유된다(마 12:39~40) 또한 니느웨 사람들의 회개는 예수 그리스도를 통하여 모든 민족에게 복음을 전하는 메시지와 동일함을 볼 수 있다.

◈ 미가

'누가 여호와와 같은가'라는 뜻의 미가는 갓 지파에 속한 모레셋이라는 작은 마을 출신의 선지자로(1:1) 사마리아와 예루살렘의 지도자들과 백성에게 내린 준엄한 심판을 선포한 선지자이다.(735~698) 당시에 두 나라는 종교적으로는 우상숭배와 사회적으로는 사치와 향락에 빠져있었고 지도자와 제사장들, 거짓 선지자들까지 총체적으로 죄를 저지름으로 하나님과의 언약을 깨뜨렸기에 하나님은 죄에 대한 심판을 통해 사랑과 공의를 행하며 다시 돌아올 것을 원하고 계신다.

◈ 나훔

엘고스 사람으로서 이름의 뜻은 '위로'이다. 나훔은 앗수르의 수도 니느웨의 멸망을 선포한 선지자이다. 나훔서는 요나서의 후속 편으로 요나서와 완전히 극적인 대조를 이루는 책이기도 하다. 앗수르 왕 아슈르 바니팔은 노아몬 성을 B.C 664/663년에 점령했고 니느웨는 B.C 622년 매대와 바벨론의 연합군의 의해 무너진 것으로 보아(2:3-4) 기록된 시기는 664~612년 사이로 본다. 나훔서는 여호와께서는 노하기를 더디 하시고 오래 참으시지만 원수들에 대해서는 진노하시고 심판하시는 하나님 이심을 말하고 있다.

◈ 하바국

하바국은 '포옹하다, 껴안다'라는 뜻을 가지고 있으며 기록 시기는 B.C 609~589년 사이이다. 본서의 내용은 유다 백성을 대상으로 하나님을 의지하는 믿음을 가르치고 의인의 고통과 악인의 형통은 일시적이라는 것과 하나님의 공의는 반드시 이루어진다는 것을 알게 하기 위해 기록되었다. '의인은 믿음으로 말미암아 살리라'(합 2:4)는 것이 주제이며 이 메시지는 사도 바울과(롬 1:17) 히브리서 기자에 의해서도 인용되었다.
(히 10:38)

◈ 스바냐

'여호와가 숨기셨다'라는 뜻의 스바냐는 이름과 가문을 제외하면 알려진 바가 없다.(1:1) 활동한 시기는 요시야(B.C 640~609)가 통치하던 시대에 활동하여 요시야 왕의 종교 개혁운동을 독려한 선지자이며 주된 메세지는 이스라엘과 주변 나라들에 대한 다가올 심판의 날인 '여호와의 날'을 선포하고 그때에 구원받을 '남은 자'들의 영광을 노래하기 위해 본서를 기록하였다.

◈ 학개

'축제'라는 뜻의 이름을 가진 학개는 6세기에 바벨론 포로에서 돌아온 백성들이 성전을 회복하는 역사적 배경속에서 시작된다. 스룹바벨과 여후수아의 두 지도자에 의해 성전이 재건하며 하나님의 영원한 왕국에 대한 소망을 그리고 있다. 하지만 지금 재건되는 스룹바벨 성전은 나중 영광이 이전 영광보다 크다는(2:9) 학개의 예언전 메세지를 통해 장차 예수 그리스도를 통해 우리의 마음에 세워질 심령 성전을 말하고 있다.(고전 3:16)

◈ 스가랴

제사장이며 베레갸의 아들이자 잇도의 손자인 스가랴는 바벨론에서 스룹바벨과 함께 돌아온 제사장 가문의 속한 사람이다.(느 12:4) B.C 520년경 학개와 동시대에 사역한 선지자로서 B.C 536년에 귀환 후 성전의 기초가 완성되지만 강력한 반대로 인해 진척이 없을 때 성전재건에 힘을 실어준 선지자이다. 그뿐 아니라 궁극적으로 마지막 심판이 하나님의 백성을 공격한 모든 날에 임할 것이고 그 결과로 예루살렘이 하나님의 택한 성읍으로 회복되어 열방이 이곳으로 모여 올 것이라는 예언적 메세지를 담고 있다.

◈ 말라기

말라기는 '나의 사자'라는 뜻을 가지고 있으며 저작시기는 약 430년 경으로 성전이 재건 된 시점에서 백 년이 지난 시점으로 본다. 이 시기는 하나님의 법을 가르치고 지켜야 할 제사장을 비롯한 지도자들과 백성들이 신앙적으로 크게 타락해 있었다. 특히 하나님의 것으로 구별되는 십일조를 착복하고 이방종교에 빠져있는 자들에게 말라기로 하여금 하나님의 크고 두려운 심판의 날이 임할 것이라는 경고의 메세지와 메시야의 길을 예비할 사자(세례 요한)를 보내어 오실 그리스도를 통해 회복될 것이라는 예언적 메세지가 담겨있다.

호세아

(1-14장)

1

1 웃시야와 요담과 아하스와 히스
기야가 이어 유다 왕이 된 시대 곧
요아스의 아들 여로보암이 이스라엘
왕이 된 시대에 브에리의 아들 호세
아에게 임한 여호와의 말씀이라

호세아의 아내와 자식들

2 ○ 여호와께서 처음 호세아에게 말씀
하실 때 여호와께서 호세아에게 이르
시되 너는 가서 음란한 여자를 맞이
하여 음란한 자식들을 낳으라 이 나
라가 여호와를 떠나 크게 음란함이니
라 하시니
3 이에 그가 가서 디블라임의 딸 고멜
을 맞이하였더니 고멜이 임신하여 아
들을 낳으매
4 여호와께서 호세아에게 이르시되 그의
이름을 이스르엘이라 하라 조금 후에
내가 이스르엘의 피를 예후의 집에 갚
으며 이스라엘 족속의 나라를 폐할 것
임이니라
5 그 날에 내가 이스르엘 골짜기에서
이스라엘의 활을 꺾으리라 하시니라

1】

2】

3】

4】

5】

6 고멜이 또 임신하여 딸을 낳으매 여
호와께서 호세아에게 이르시되 그의
이름을 로루하마라 하라 내가 다시는
이스라엘 족속을 긍휼히 여겨서 용서
하지 않을 것임이니라
7 그러나 내가 유다 족속을 긍휼히 여겨
그들의 하나님 여호와로 구원하겠고
활과 칼이나 전쟁이나 말과 마병으로
구원하지 아니하리라 하시니라
8 고멜이 로루하마를 젖뗀 후에 또 임
신하여 아들을 낳으매
9 여호와께서 이르시되 그의 이름을 로
암미라 하라 너희는 내 백성이 아니요
나는 너희 하나님이 되지 아니할 것임
이니라

이스라엘이 회복되리라

10 ○ 그러나 이스라엘 자손의 수가 바닷
가의 모래 같이 되어서 헤아릴 수도 없
고 셀 수도 없을 것이며 전에 그들에
게 이르기를 너희는 내 백성이 아니라
한 그 곳에서 그들에게 이르기를 너희
는 살아 계신 하나님의 아들들이라 할
것이라
11 이에 유다 자손과 이스라엘 자손이
함께 모여 한 우두머리를 세우고 그
땅에서부터 올라오리니 이스르엘의
날이 클 것임이로다

6】

7】

8】

9】

10】

11】

2

1 너희 형제에게는 암미라 하고 너희
자매에게는 루하마라 하라

음란을 제거할지라

2 ○ 너희 어머니와 논쟁하고 논쟁하라
그는 내 아내가 아니요 나는 그의 남
편이 아니라 그가 그의 얼굴에서 음
란을 제하게 하고 그 유방 사이에서
음행을 제하게 하라
3 그렇지 아니하면 내가 그를 벌거벗겨
서 그 나던 날과 같게 할 것이요 그로
광야 같이 되게 하며 마른 땅 같이 되
게 하여 목말라 죽게 할 것이며
4 내가 그의 자녀를 긍휼히 여기지 아
니하리니 이는 그들이 음란한 자식들
임이니라
5 그들의 어머니는 음행하였고 그들을
임신했던 자는 부끄러운 일을 행하였
나니 이는 그가 이르기를 나는 나를
사랑하는 자들을 따르리니 그들이 내
떡과 내 물과 내 양털과 내 삼과 내
기름과 내 술들을 내게 준다 하였음
이라
6 그러므로 내가 가시로 그 길을 막으
며 담을 쌓아 그로 그 길을 찾지 못하
게 하리니
7 그가 그 사랑하는 자를 따라갈지라도
미치지 못하며 그들을 찾을지라도 만

1】

2】

3】

4】

5】

6】

7】

나지 못할 것이라 그제야 그가 이르
기를 내가 본 남편에게로 돌아가리니
그 때의 내 형편이 지금보다 나았음
이라 하리라
8 ○ 곡식과 새 포도주와 기름은 내가
그에게 준 것이요 그들이 바알을 위
하여 쓴 은과 금도 내가 그에게 더하
여 준 것이거늘 그가 알지 못하도다
9 그러므로 내가 내 곡식을 그것이 익
을 계절에 도로 찾으며 내가 내 새 포
도주를 그것이 맛 들 시기에 도로 찾
으며 또 그들의 벌거벗은 몸을 가릴
내 양털과 내 삼을 빼앗으리라
10 이제 내가 그 수치를 그 사랑하는 자
의 눈 앞에 드러내리니 그를 내 손에
서 건져낼 사람이 없으리라
11 내가 그의 모든 희락과 절기와 월삭
과 안식일과 모든 명절을 폐하겠고
12 그가 전에 이르기를 이것은 나를 사
랑하는 자들이 내게 준 값이라 하던
그 포도나무와 무화과나무를 거칠게
하여 수풀이 되게 하며 들짐승들에게
먹게 하리라
13 그가 귀고리와 패물로 장식하고 그가
사랑하는 자를 따라가서 나를 잊어버
리고 향을 살라 바알들을 섬긴 시일
대로 내가 그에게 벌을 주리라 여호

8】

9】

10】

11】

12】

13】

와의 말씀이니라

백성을 향한 여호와의 사랑

14 ○ 그러므로 보라 내가 그를 타일러 거
친 들로 데리고 가서 말로 위로하고
15 거기서 비로소 그의 포도원을 그에게
주고 아골 골짜기로 소망의 문을 삼
아 주리니 그가 거기서 응대하기를
어렸을 때와 애굽 땅에서 올라오던
날과 같이 하리라
16 여호와께서 이르시되 그 날에 네가
나를 내 남편이라 일컫고 다시는 내
바알이라 일컫지 아니하리라
17 내가 바알들의 이름을 그의 입에서
제거하여 다시는 그의 이름을 기억하
여 부르는 일이 없게 하리라
18 그 날에는 내가 그들을 위하여 들짐
승과 공중의 새와 땅의 곤충과 더불
어 언약을 맺으며 또 이 땅에서 활과
칼을 꺾어 전쟁을 없이하고 그들로
평안히 눕게 하리라
19 내가 네게 장가 들어 영원히 살되 공
의와 정의와 은총과 긍휼히 여김으로
네게 장가 들며
20 진실함으로 네게 장가 들리니 네가
여호와를 알리라
21 ○ 여호와께서 이르시되 그 날에 내
가 응답하리라 나는 하늘에 응답하고

하늘은 땅에 응답하고
22 땅은 곡식과 포도주와 기름에 응답하
고 또 이것들은 이스르엘에 응답하
리라
23 내가 나를 위하여 그를 이 땅에 심고
긍휼히 여김을 받지 못하였던 자를
긍휼히 여기며 내 백성 아니었던 자
에게 향하여 이르기를 너는 내 백성
이라 하리니 그들은 이르기를 주는
내 하나님이시라 하리라 하시니라

22】

23】

호세아와 음녀가 된 여인

3
1 여호와께서 내게 이르시되 이스라
엘 자손이 다른 신을 섬기고 건포
도 과자를 즐길지라도 여호와가 그들
을 사랑하나니 너는 또 가서 타인의
사랑을 받아 음녀가 된 그 여자를 사
랑하라 하시기로
2 내가 은 열다섯 개와 보리 한 호멜 반
으로 나를 위하여 그를 사고
3 그에게 이르기를 너는 많은 날 동안
나와 함께 지내고 음행하지 말며 다
른 남자를 따르지 말라 나도 네게 그
리하리라 하였노라
4 이스라엘 자손들이 많은 날 동안 왕
도 없고 지도자도 없고 제사도 없고
주상도 없고 에봇도 없고 드라빔도

1】

2】

3】

4】

없이 지내다가
5 그 후에 이스라엘 자손이 돌아와서
그들의 하나님 여호와와 그들의 왕
다윗을 찾고 마지막 날에는 여호와를
경외하므로 여호와와 그의 은총으로
나아가리라

5】

어머니를 멸하리라

4

1 이스라엘 자손들아 여호와의 말
씀을 들으라 여호와께서 이 땅 주
민과 논쟁하시나니 이 땅에는 진실도
없고 인애도 없고 하나님을 아는 지
식도 없고
2 오직 저주와 속임과 살인과 도둑질과
간음뿐이요 포악하여 피가 피를 뒤이
음이라
3 그러므로 이 땅이 슬퍼하며 거기 사는
자와 들짐승과 공중에 나는 새가 다
쇠잔할 것이요 바다의 고기도 없어지
리라
4 그러나 어떤 사람이든지 다투지도
말며 책망하지도 말라 네 백성들이
제사장과 다투는 자처럼 되었음이
니라
5 너는 낮에 넘어지겠고 너와 함께 있
는 선지자는 밤에 넘어지리라 내가
네 어머니를 멸하리라

1】

2】

3】

4】

5】

여호와께서 백성과 제사장들을 심판하시다

6 ○ 내 백성이 지식이 없으므로 망하
는도다 네가 지식을 버렸으니 나도
너를 버려 내 제사장이 되지 못하게
할 것이요 네가 네 하나님의 율법을
잊었으니 나도 네 자녀들을 잊어버리
리라
7 그들은 번성할수록 내게 범죄하니 내
가 그들의 영화를 변하여 욕이 되게
하리라
8 그들이 내 백성의 속죄제물을 먹고
그 마음을 그들의 죄악에 두는도다
9 장차는 백성이나 제사장이나 동일함
이라 내가 그들의 행실대로 벌하며
그들의 행위대로 갚으리라
10 그들이 먹어도 배부르지 아니하며 음
행하여도 수효가 늘지 못하니 이는
여호와를 버리고 따르지 아니하였음
이니라

이교 예배를 책망하시다

11 ○ 음행과 묵은 포도주와 새 포도주
가 마음을 빼앗느니라
12 내 백성이 나무에게 묻고 그 막대기
는 그들에게 고하나니 이는 그들이
음란한 마음에 미혹되어 하나님을 버
리고 음행하였음이니라
13 그들이 산 꼭대기에서 제사를 드리

6】

7】

8】

9】

10】

11】

12】

13】

며 작은 산 위에서 분향하되 참나무
와 버드나무와 상수리나무 아래에서
하니 이는 그 나무 그늘이 좋음이라
이러므로 너희 딸들은 음행하며 너희
며느리들은 간음을 행하는도다
14 너희 딸들이 음행하며 너희 며느리들
이 간음하여도 내가 벌하지 아니하리
니 이는 남자들도 창기와 함께 나가
며 음부와 함께 희생을 드림이니라
깨닫지 못하는 백성은 망하리라
15 ○ 이스라엘아 너는 음행하여도 유다
는 죄를 범하지 못하게 할 것이라 너
희는 길갈로 가지 말며 벧아웬으로
올라가지 말며 여호와의 사심을 두고
맹세하지 말지어다
16 이스라엘은 완강한 암소처럼 완강하
니 이제 여호와께서 어린 양을 넓은
들에서 먹임 같이 그들을 먹이시겠
느냐
17 에브라임이 우상과 연합하였으니 버
려 두라
18 그들이 마시기를 다 하고는 이어서
음행하였으며 그들은 부끄러운 일을
좋아하느니라
19 바람이 그 날개로 그를 쌌나니 그들
이 그 제물로 말미암아 부끄러운 일
을 당하리라

14】

15】

16】

17】

18】

19】

년 월 일

우상 숭배를 경고하다

5

1 제사장들아 이를 들으라 이스라엘
족속들아 깨달으라 왕족들아 귀를
기울이라 너희에게 심판이 있나니 너
희가 미스바에 대하여 올무가 되며
다볼 위에 친 그물이 됨이라
2 패역자가 살육죄에 깊이 빠졌으매 내
가 그들을 다 벌하노라
3 에브라임은 내가 알고 이스라엘은 내
게 숨기지 못하나니 에브라임아 이제
네가 음행하였고 이스라엘이 더러워
졌느니라
4 그들의 행위가 그들로 자기 하나님에
게 돌아가지 못하게 하나니 이는 음
란한 마음이 그 속에 있어 여호와를
알지 못하는 까닭이라
5 이스라엘의 교만이 그 얼굴에 드러났
나니 그 죄악으로 말미암아 이스라엘
과 에브라임이 넘어지고 유다도 그들
과 함께 넘어지리라
6 그들이 양 떼와 소 떼를 끌고 여호와
를 찾으러 갈지라도 만나지 못할 것
은 이미 그들에게서 떠나셨음이라
7 그들이 여호와께 정조를 지키지 아니
하고 사생아를 낳았으니 그러므로 새
달이 그들과 그 기업을 함께 삼키리
로다

1】

2】

3】

4】

5】

6】

7】

유다와 이스라엘 사이의 전쟁

8 ○ 너희가 기브아에서 뿔나팔을 불며
라마에서 나팔을 불며 벧아웬에서 외
치기를 베냐민아 네 뒤를 쫓는다 할
지어다
9 벌하는 날에 에브라임이 황폐할 것이
라 내가 이스라엘 지파 중에서 반드
시 있을 일을 보였노라
10 유다 지도자들은 경계표를 옮기는 자
같으니 내가 나의 진노를 그들에게
물 같이 부으리라
11 에브라임은 사람의 명령 뒤따르기를
좋아하므로 학대를 받고 재판의 압제
를 받는도다
12 그러므로 내가 에브라임에게는 좀 같
으며 유다 족속에게는 썩이는 것 같
도다
13 에브라임이 자기의 병을 깨달으며 유
다가 자기의 상처를 깨달았고 에브라
임은 앗수르로 가서 야렙 왕에게 사
람을 보내었으나 그가 능히 너희를
고치지 못하겠고 너희 상처를 낫게
하지 못하리라
14 내가 에브라임에게는 사자 같고 유다
족속에게는 젊은 사자 같으니 바로
내가 움켜갈지라 내가 탈취하여 갈지
라도 건져낼 자가 없으리라

8】

9】

10】

11】

12】

13】

14】

15 그들이 그 죄를 뉘우치고 내 얼굴을
구하기까지 내가 내 곳으로 돌아가리
라 그들이 고난 받을 때에 나를 간절
히 구하리라

15】

백성들의 불성실한 회개

6 1 오라 우리가 여호와께로 돌아가자
여호와께서 우리를 찢으셨으나 도
로 낫게 하실 것이요 우리를 치셨으
나 싸매어 주실 것임이라
2 여호와께서 이틀 후에 우리를 살리
시며 셋째 날에 우리를 일으키시리니
우리가 그의 앞에서 살리라
3 그러므로 우리가 여호와를 알자 힘써
여호와를 알자 그의 나타나심은 새벽
빛 같이 어김없나니 비와 같이, 땅을
적시는 늦은 비와 같이 우리에게 임
하시리라 하니라
4 ○ 에브라임아 내가 네게 어떻게 하
랴 유다야 내가 네게 어떻게 하랴 너
희의 인애가 아침 구름이나 쉬 없어
지는 이슬 같도다
5 그러므로 내가 선지자들로 그들을 치
고 내 입의 말로 그들을 죽였노니 내
심판은 빛처럼 나오느니라
6 나는 인애를 원하고 제사를 원하지
아니하며 번제보다 하나님을 아는 것

1】

2】

3】

4】

5】

6】

을 원하노라
7 그들은 아담처럼 언약을 어기고 거기
에서 나를 반역하였느니라
8 길르앗은 악을 행하는 자의 고을이라
피 발자국으로 가득 찼도다
9 강도 떼가 사람을 기다림 같이 제사
장의 무리가 세겜 길에서 살인하니
그들이 사악을 행하였느니라
10 내가 이스라엘 집에서 가증한 일을
보았나니 거기서 에브라임은 음행하
였고 이스라엘은 더럽혀졌느니라
11 또한 유다여 내가 내 백성의 사로잡
힘을 돌이킬 때에 네게도 추수할 일
을 정하였느니라

7】

8】

9】

10】

11】

왕궁 안의 반란

7

1 내가 이스라엘을 치료하려 할 때에
에브라임의 죄와 사마리아의 악이
드러나도다 그들은 거짓을 행하며 안
으로 들어가 도둑질하고 밖으로 떼
지어 노략질하며
2 내가 모든 악을 기억하였음을 그들이
마음에 생각하지 아니하거니와 이제
그들의 행위가 그들을 에워싸고 내
얼굴 앞에 있도다
3 그들이 그 악으로 왕을, 그 거짓말로
지도자들을 기쁘게 하도다

1】

2】

3】

4 그들은 다 간음하는 자라 과자 만드
는 자에 의해 달궈진 화덕과 같도다
그가 반죽을 뭉침으로 발효되기까지
만 불 일으키기를 그칠 뿐이니라
5 우리 왕의 날에 지도자들은 술의 뜨
거움으로 병이 나며 왕은 오만한 자
들과 더불어 악수하는도다
6 그들이 가까이 올 때에 그들의 마음은
간교하여 화덕 같으니 그들의 분노는
밤새도록 자고 아침에 피우는 불꽃 같
도다
7 그들이 다 화덕 같이 뜨거워져서 그
재판장들을 삼키며 그들의 왕들을 다
엎드러지게 하며 그들 중에는 내게
부르짖는 자가 하나도 없도다

이스라엘과 여러 민족

8 ○ 에브라임이 여러 민족 가운데에
혼합되니 그는 곧 뒤집지 않은 전병이
로다
9 이방인들이 그의 힘을 삼켰으나 알지
못하고 백발이 무성할지라도 알지 못
하는도다
10 이스라엘의 교만은 그 얼굴에 드러났
나니 그들이 이 모든 일을 당하여도
그들의 하나님 여호와께로 돌아오지
아니하며 구하지 아니하도다
11 에브라임은 어리석은 비둘기 같이 지

4】

5】

6】

7】

8】

9】

10】

11】

혜가 없어서 애굽을 향하여 부르짖으
며 앗수르로 가는도다
12 그들이 갈 때에 내가 나의 그물을 그
위에 쳐서 공중의 새처럼 떨어뜨리고
전에 그 회중에 들려 준 대로 그들을
징계하리라
13 화 있을진저 그들이 나를 떠나 그릇
갔음이니라 패망할진저 그들이 내게
범죄하였음이니라 내가 그들을 건져
주려 하나 그들이 나를 거슬러 거짓
을 말하고
14 성심으로 나를 부르지 아니하였으며
오직 침상에서 슬피 부르짖으며 곡식
과 새 포도주로 말미암아 모이며 나
를 거역하는도다
15 내가 그들 팔을 연습시켜 힘 있게 하
였으나 그들은 내게 대하여 악을 꾀
하는도다
16 그들은 돌아오나 높으신 자에게로 돌
아오지 아니하니 속이는 활과 같으며
그들의 지도자들은 그 혀의 거친 말
로 말미암아 칼에 엎드러지리니 이것
이 애굽 땅에서 조롱거리가 되리라

12】

13】

14】

15】

16】

우상 숭배를 책망하시다

8

1 나팔을 네 입에 댈지어다 원수가
독수리처럼 여호와의 집에 덮치

1】

리니 이는 그들이 내 언약을 어기며
내 율법을 범함이로다
2 그들이 장차 내게 부르짖기를 나의
하나님이여 우리 이스라엘이 주를 아
나이다 하리라
3 이스라엘이 이미 선을 버렸으니 원수
가 그를 따를 것이라
4 그들이 왕들을 세웠으나 내게서 난
것이 아니며 그들이 지도자들을 세웠
으나 내가 모르는 바이며 그들이 또
그 은, 금으로 자기를 위하여 우상을
만들었나니 결국은 파괴되고 말리라
5 사마리아여 네 송아지는 버려졌느니
라 내 진노가 무리를 향하여 타오르나
니 그들이 어느 때에야 무죄하겠느냐
6 이것은 이스라엘에서 나고 장인이 만
든 것이라 참 신이 아니니 사마리아
의 송아지가 산산조각이 나리라
7 그들이 바람을 심고 광풍을 거둘 것
이라 심은 것이 줄기가 없으며 이삭
은 열매를 맺지 못할 것이요 혹시 맺
을지라도 이방 사람이 삼키리라
8 ○ 이스라엘은 이미 삼켜졌은즉 이제
여러 나라 가운데에 있는 것이 즐겨
쓰지 아니하는 그릇 같도다
9 그들이 홀로 떨어진 들나귀처럼 앗수
르로 갔고 에브라임이 값 주고 사랑

2】

3】

4】

5】

6】

7】

8】

9】

하는 자들을 얻었도다
10 그들이 여러 나라에게 값을 주었을지
라도 이제 내가 그들을 모으리니 그
들은 지도자의 임금이 지워 준 짐으
로 말미암아 쇠하기 시작하리라
11 ○ 에브라임은 죄를 위하여 제단을
많이 만들더니 그 제단이 그에게 범
죄하게 하는 것이 되었도다
12 내가 그를 위하여 내 율법을 만 가지
로 기록하였으나 그들은 이상한 것으
로 여기도다
13 그들이 내게 고기를 제물로 드리고
먹을지라도 여호와는 그것을 기뻐하
지 아니하고 이제 그들의 죄악을 기
억하여 그 죄를 벌하리니 그들은 애
굽으로 다시 가리라
14 이스라엘은 자기를 지으신 이를 잊어
버리고 왕궁들을 세웠으며 유다는 견
고한 성읍을 많이 쌓았으나 내가 그
성읍들에 불을 보내어 그 성들을 삼
키게 하리라

10】

11】

12】

13】

14】

형벌의 날 보응의 날

9

1 이스라엘아 너는 이방 사람처럼
기뻐 뛰놀지 말라 네가 음행하여
네 하나님을 떠나고 각 타작 마당에
서 음행의 값을 좋아하였느니라

1】

2 타작 마당이나 술틀이 그들을 기르지
못할 것이며 새 포도주도 떨어질 것
이요
3 그들은 여호와의 땅에 거주하지 못
하며 에브라임은 애굽으로 다시 가
고 앗수르에서 더러운 것을 먹을 것
이니라
4 그들은 여호와께 포도주를 부어 드리
지 못하며 여호와께서 기뻐하시는 바
도 되지 못할 것이라 그들의 제물은
애곡하는 자의 떡과 같아서 그것을
먹는 자는 더러워지나니 그들의 떡은
자기의 먹기에만 소용될 뿐이라 여호
와의 집에 드릴 것이 아님이니라
5 너희는 명절 날과 여호와의 절기의
날에 무엇을 하겠느냐
6 보라 그들이 멸망을 피하여 갈지라도
애굽은 그들을 모으고 놉은 그들을
장사하리니 그들의 은은 귀한 것이나
찔레가 덮을 것이요 그들의 장막 안
에는 가시덩굴이 퍼지리라
7 형벌의 날이 이르렀고 보응의 날이
온 것을 이스라엘이 알지라 선지자가
어리석었고 신에 감동하는 자가 미쳤
나니 이는 네 죄악이 많고 네 원한이
큼이니라
8 에브라임은 나의 하나님과 함께 한

2】

3】

4】

5】

6】

7】

8】

파수꾼이며 선지자는 모든 길에 친
새 잡는 자의 그물과 같고 그의 하나
님의 전에는 원한이 있도다
9 그들은 기브아의 시대와 같이 심히
부패한지라 여호와께서 그 악을 기억
하시고 그 죄를 벌하시리라

이스라엘의 죄와 하나님의 심판

10 ○ 옛적에 내가 이스라엘을 만나기를
광야에서 포도를 만남 같이 하였으며
너희 조상들을 보기를 무화과나무에
서 처음 맺힌 첫 열매를 봄 같이 하
였거늘 그들이 바알브올에 가서 부끄
러운 우상에게 몸을 드림으로 저희가
사랑하는 우상 같이 가증하여졌도다
11 에브라임의 영광이 새 같이 날아 가
리니 해산하는 것이나 아이 배는 것
이나 임신하는 것이 없으리라
12 혹 그들이 자식을 기를지라도 내가
그 자식을 없이하여 한 사람도 남기
지 아니할 것이라 내가 그들을 떠나
는 때에는 그들에게 화가 미치리로다
13 내가 보건대 에브라임은 아름다운 곳
에 심긴 두로와 같으나 그 자식들을
살인하는 자에게로 끌어내리로다
14 여호와여 그들에게 주소서 무엇을 주
시려 하나이까 아이 배지 못하는 태
와 젖 없는 유방을 주시옵소서

9】
10】
11】
12】
13】
14】

15 그들의 모든 악이 길갈에 있으므로
내가 거기에서 그들을 미워하였노라
그들의 행위가 악하므로 내 집에서
그들을 쫓아내고 다시는 사랑하지 아
니하리라 그들의 지도자들은 다 반역
한 자니라
16 에브라임은 매를 맞아 그 뿌리가 말
라 열매를 맺지 못하나니 비록 아이
를 낳을지라도 내가 그 사랑하는 태
의 열매를 죽이리라
17 그들이 듣지 아니하므로 내 하나님이
그들을 버리시리니 그들이 여러 나라
가운데에 떠도는 자가 되리라

15】

16】

17】

하나님의 심판에 대한 선지자의 경고

10 1 이스라엘은 열매 맺는 무성한 포도
나무라 그 열매가 많을수록 제단을
많게 하며 그 땅이 번영할수록 주상
을 아름답게 하도다
2 그들이 두 마음을 품었으니 이제 벌
을 받을 것이라 하나님이 그 제단을
쳐서 깨뜨리시며 그 주상을 허시리라
3 그들이 이제 이르기를 우리가 여호와
를 두려워하지 아니하므로 우리에게
왕이 없거니와 왕이 우리를 위하여
무엇을 하리요 하리로다
4 ○ 그들이 헛된 말을 내며 거짓 맹세

1】

2】

3】

4】

로 언약을 세우니 그 재판이 밭이랑
에 돋는 독초 같으리로다
5 사마리아 주민이 벧아웬의 송아지로
말미암아 두려워할 것이라 그 백성이
슬퍼하며 그것을 기뻐하던 제사장들
도 슬퍼하리니 이는 그의 영광이 떠
나감이며
6 그 송아지는 앗수르로 옮겨다가 예물
로 야렙 왕에게 드리리니 에브라임은
수치를 받을 것이요 이스라엘은 자기
들의 계책을 부끄러워할 것이며
7 사마리아 왕은 물 위에 있는 거품 같
이 멸망할 것이며
8 이스라엘의 죄 곧 아웬의 산당은 파
괴되어 가시와 찔레가 그 제단 위에
날 것이니 그 때에 그들이 산더러 우
리를 가리라 할 것이요 작은 산더러
우리 위에 무너지라 하리라

이스라엘에게 징계를 선언하시다

9 ○ 이스라엘아 네가 기브아 시대로부
터 범죄하더니 지금까지 죄를 짓는구
나 그러니 범죄한 자손들에 대한 전
쟁이 어찌 기브아에서 일어나지 않겠
느냐
10 내가 원하는 때에 그들을 징계하리니
그들이 두 가지 죄에 걸릴 때에 만민
이 모여서 그들을 치리라

5】

6】

7】

8】

9】

10】

11 에브라임은 마치 길들인 암소 같아서
곡식 밟기를 좋아하나 내가 그의 아
름다운 목에 멍에를 메우고 에브라임
위에 사람을 태우리니 유다가 밭을
갈고 야곱이 흙덩이를 깨뜨리리라
12 ○ 너희가 자기를 위하여 공의를 심
고 인애를 거두라 너희 묵은 땅을 기
경하라 지금이 곧 여호와를 찾을 때
니 마침내 여호와께서 오사 공의를
비처럼 너희에게 내리시리라
13 너희는 악을 밭 갈아 죄를 거두고 거
짓 열매를 먹었나니 이는 네가 네 길
과 네 용사의 많음을 의뢰하였음이라
14 그러므로 너희 백성 중에 요란함이
일어나며 네 산성들이 다 무너지되
살만이 전쟁의 날에 벧아벨을 무너뜨
린 것 같이 될 것이라 그 때에 어머니
와 자식이 함께 부서졌도다
15 너희의 큰 악으로 말미암아 벧엘이
이같이 너희에게 행하리니 이스라엘
왕이 새벽에 정녕 망하리로다

11】

12】

13】

14】

15】

백성을 버리지 않으시는 하나님

11

1 이스라엘이 어렸을 때에 내가 사
랑하여 내 아들을 애굽에서 불러
냈거늘
2 선지자들이 그들을 부를수록 그들은

1】

2】

점점 멀리하고 바알들에게 제사하며
아로새긴 우상 앞에서 분향하였느
니라
3 그러나 내가 에브라임에게 걸음을 가
르치고 내 팔로 안았음에도 내가 그
들을 고치는 줄을 그들은 알지 못하
였도다
4 내가 사람의 줄 곧 사랑의 줄로 그들
을 이끌었고 그들에게 대하여 그 목
에서 멍에를 벗기는 자 같이 되었으
며 그들 앞에 먹을 것을 두었노라
5 ○ 그들은 애굽 땅으로 되돌아 가지
못하겠거늘 내게 돌아 오기를 싫어하
니 앗수르 사람이 그 임금이 될 것이라
6 칼이 그들의 성읍들을 치며 빗장을
깨뜨려 없이하리니 이는 그들의 계책
으로 말미암음이니라
7 내 백성이 끝끝내 내게서 물러가나니
비록 그들을 불러 위에 계신 이에게
로 돌아오라 할지라도 일어나는 자가
하나도 없도다
8 ○ 에브라임이여 내가 어찌 너를 놓겠
느냐 이스라엘이여 내가 어찌 너를 버
리겠느냐 내가 어찌 너를 아드마 같이
놓겠느냐 어찌 너를 스보임 같이 두겠
느냐 내 마음이 내 속에서 돌이키어
나의 긍휼이 온전히 불붙듯 하도다

3】

4】

5】

6】

7】

8】

9 내가 나의 맹렬한 진노를 나타내지
아니하며 내가 다시는 에브라임을 멸
하지 아니하리니 이는 내가 하나님이
요 사람이 아님이라 네 가운데 있는
거룩한 이니 진노함으로 네게 임하지
아니하리라
10 그들은 사자처럼 소리를 내시는 여호
와를 따를 것이라 여호와께서 소리를
내시면 자손들이 서쪽에서부터 떨며
오되
11 그들은 애굽에서부터 새 같이, 앗수
르에서부터 비둘기 같이 떨며 오리니
내가 그들을 그들의 집에 머물게 하
리라 나 여호와의 말이니라

하나님께로 돌아오라

12 ○ 에브라임은 거짓으로, 이스라엘 족
속은 속임수로 나를 에워쌌고 유다는
하나님 곧 신실하시고 거룩하신 자에
게 대하여 정함이 없도다

12

1 에브라임은 바람을 먹으며 동풍을
따라가서 종일토록 거짓과 포학을
더하여 앗수르와 계약을 맺고 기름을
애굽에 보내도다
2 여호와께서 유다와 논쟁하시고 야곱
을 그 행실대로 벌하시며 그의 행위
대로 그에게 보응하시리라

9】

10】

11】

12】

1】

2】

3 야곱은 모태에서 그의 형의 발뒤꿈치
를 잡았고 또 힘으로는 하나님과 겨
루되
4 천사와 겨루어 이기고 울며 그에게
간구하였으며 하나님은 벧엘에서 그
를 만나셨고 거기에서 우리에게 말씀
하셨나니
5 여호와는 만군의 하나님이시라 여호
와는 그를 기억하게 하는 이름이니라
6 그런즉 너의 하나님께로 돌아와서 인
애와 정의를 지키며 항상 너의 하나
님을 바랄지니라

거짓 저울을 쓰는 에브라임

7 ○ 그는 상인이라 손에 거짓 저울을
가지고 속이기를 좋아하는도다
8 에브라임이 말하기를 나는 실로 부자
라 내가 재물을 얻었는데 내가 수고한
모든 것 중에서 죄라 할 만한 불의를
내게서 찾아 낼 자 없으리라 하거니와
9 네가 애굽 땅에 있을 때부터 나는 네
하나님 여호와니라 내가 너로 다시
장막에 거주하게 하기를 명절날에 하
던 것 같게 하리라
10 내가 여러 선지자에게 말하였고 이상
을 많이 보였으며 선지자들을 통하여
비유를 베풀었노라
11 길르앗은 불의한 것이냐 과연 그러하

3】

4】

5】

6】

7】

8】

9】

10】

11】

다 그들은 거짓되도다 길갈에서는 무
리가 수송아지로 제사를 드리며 그 제
단은 밭이랑에 쌓인 돌무더기 같도다
12 야곱이 아람의 들로 도망하였으며 이
스라엘이 아내를 얻기 위하여 사람을
섬기며 아내를 얻기 위하여 양을 쳤고
13 여호와께서는 한 선지자로 이스라엘
을 애굽에서 인도하여 내셨고 이스라
엘이 한 선지자로 보호 받았거늘
14 에브라임이 격노하게 함이 극심하였
으니 그의 주께서 그의 피로 그의 위
에 머물러 있게 하시며 그의 수치를
그에게 돌리시리라

12】

13】

14】

바알로 말미암아 범죄한 에브라임

13 1 에브라임이 말을 하면 사람들이
떨었도다 그가 이스라엘 중에서 자
기를 높이더니 바알로 말미암아 범죄
하므로 망하였거늘
2 이제도 그들은 더욱 범죄하여 그 은
으로 자기를 위하여 우상을 부어 만
들되 자기의 정교함을 따라 우상을
만들었으며 그것은 다 은장색이 만든
것이거늘 그들은 그것에 대하여 말하
기를 제사를 드리는 자는 송아지와
입을 맞출 것이라 하도다
3 이러므로 그들은 아침 구름 같으며 쉬

1】

2】

3】

사라지는 이슬 같으며 타작 마당에서
광풍에 날리는 쭉정이 같으며 굴뚝에
서 나가는 연기 같으리라
4 ○ 그러나 애굽 땅에 있을 때부터 나
는 네 하나님 여호와라 나 밖에 네가
다른 신을 알지 말 것이라 나 외에는
구원자가 없느니라
5 내가 광야 마른 땅에서 너를 알았거늘
6 그들이 먹여 준 대로 배가 불렀고 배
가 부르니 그들의 마음이 교만하여
이로 말미암아 나를 잊었느니라
7 그러므로 내가 그들에게 사자 같고
길 가에서 기다리는 표범 같으니라
8 내가 새끼 잃은 곰 같이 그들을 만나
그의 염통 꺼풀을 찢고 거기서 암사
자 같이 그들을 삼키리라 들짐승이
그들을 찢으리라
9 ○ 이스라엘아 네가 패망하였나니 이
는 너를 도와 주는 나를 대적함이니라
10 전에 네가 이르기를 내게 왕과 지도
자들을 주소서 하였느니라 네 모든 성
읍에서 너를 구원할 자 곧 네 왕이 이
제 어디 있으며 네 재판장들이 어디
있느냐
11 내가 분노하므로 네게 왕을 주고 진
노하므로 폐하였노라
12 에브라임의 불의가 봉함되었고 그 죄

4】
5】
6】
7】
8】
9】
10】
11】
12】

가 저장되었나니
13 해산하는 여인의 어려움이 그에게 임
하리라 그는 지혜 없는 자식이로다
해산할 때가 되어도 그가 나오지 못
하느니라
14 내가 그들을 스올의 권세에서 속량
하며 사망에서 구속하리니 사망아 네
재앙이 어디 있느냐 스올아 네 멸망
이 어디 있느냐 뉘우침이 내 눈 앞에
서 숨으리라
15 ○ 그가 비록 형제 중에서 결실하나
동풍이 오리니 곧 광야에서 일어나는
여호와의 바람이라 그의 근원이 마르
며 그의 샘이 마르고 그 쌓아 둔 바 모
든 보배의 그릇이 약탈되리로다
16 사마리아가 그들의 하나님을 배반하
였으므로 형벌을 당하여 칼에 엎드러
질 것이요 그 어린 아이는 부서뜨려지
며 아이 밴 여인은 배가 갈라지리라

13】

14】

15】

16】

이스라엘을 향한 호세아의 호소

14 1 이스라엘아 네 하나님 여호와께로
돌아오라 네가 불의함으로 말미암
아 엎드러졌느니라
2 너는 말씀을 가지고 여호와께로 돌아
와서 아뢰기를 모든 불의를 제거하시
고 선한 바를 받으소서 우리가 수송

1】

2】

아지를 대신하여 입술의 열매를 주께
드리리이다
3 우리가 앗수르의 구원을 의지하지 아
니하며 말을 타지 아니하며 다시는
우리의 손으로 만든 것을 향하여 너
희는 우리의 신이라 하지 아니하오리
니 이는 고아가 주로 말미암아 긍휼
을 얻음이니이다 할지니라

여호와의 진노가 떠나다

4 ○ 내가 그들의 반역을 고치고 기쁘
게 그들을 사랑하리니 나의 진노가
그에게서 떠났음이니라
5 내가 이스라엘에게 이슬과 같으리니
그가 백합화 같이 피겠고 레바논 백
향목 같이 뿌리가 박힐 것이라
6 그의 가지는 퍼지며 그의 아름다움은
감람나무와 같고 그의 향기는 레바논
백향목 같으리니
7 그 그늘 아래에 거주하는 자가 돌아올
지라 그들은 곡식 같이 풍성할 것이며
포도나무 같이 꽃이 필 것이며 그 향
기는 레바논의 포도주 같이 되리라
8 에브라임의 말이 내가 다시 우상과
무슨 상관이 있으리요 할지라 내가
그를 돌아보아 대답하기를 나는 푸
른 잣나무 같으니 네가 나로 말미암
아 열매를 얻으리라 하리라

3】

4】

5】

6】

7】

8】

년 월 일

여호와의 도

9 ○ 누가 지혜가 있어 이런 일을 깨달
으며 누가 총명이 있어 이런 일을 알
겠느냐 여호와의 도는 정직하니 의인
은 그 길로 다니거니와 그러나 죄인
은 그 길에 걸려 넘어지리라

9】

요엘

(1-3장)

1

1 브두엘의 아들 요엘에게 임한 여
호와의 말씀이라

1】

농사를 망친 농부들의 애곡

2 ○ 늙은 자들아 너희는 이것을 들을
지어다 땅의 모든 주민들아 너희는
귀를 기울일지어다 너희의 날에나 너
희 조상들의 날에 이런 일이 있었느냐
3 너희는 이 일을 너희 자녀에게 말하
고 너희 자녀는 자기 자녀에게 말하
고 그 자녀는 후세에 말할 것이니라
4 팥중이가 남긴 것을 메뚜기가 먹고
메뚜기가 남긴 것을 느치가 먹고 느
치가 남긴 것을 황충이 먹었도다
5 ○ 취하는 자들아 너희는 깨어 울지
어다 포도주를 마시는 자들아 너희는
울지어다 이는 단 포도주가 너희 입

2】

3】

4】

5】

에서 끊어졌음이니
6 다른 한 민족이 내 땅에 올라왔음이
로다 그들은 강하고 수가 많으며 그
이빨은 사자의 이빨 같고 그 어금니
는 암사자의 어금니 같도다
7 그들이 내 포도나무를 멸하며 내 무
화과나무를 긁어 말갛게 벗겨서 버리
니 그 모든 가지가 하얗게 되었도다
8 ○ 너희는 처녀가 어렸을 때에 약혼
한 남자로 말미암아 굵은 베로 동이
고 애곡함 같이 할지어다
9 소제와 전제가 여호와의 성전에서 끊
어졌고 여호와께 수종드는 제사장은
슬퍼하도다
10 밭이 황무하고 토지가 마르니 곡식이
떨어지며 새 포도주가 말랐고 기름이
다하였도다
11 농부들아 너희는 부끄러워할지어다
포도원을 가꾸는 자들아 곡할지어다
이는 밀과 보리 때문이라 밭의 소산
이 다 없어졌음이로다
12 포도나무가 시들었고 무화과나무가 말
랐으며 석류나무와 대추나무와 사과나
무와 밭의 모든 나무가 다 시들었으니
이러므로 사람의 즐거움이 말랐도다
13 ○ 제사장들아 너희는 굵은 베로 동
이고 슬피 울지어다 제단에 수종드는

6】
7】
8】
9】
10】
11】
12】
13】

자들아 너희는 울지어다 내 하나님께
수종드는 자들아 너희는 와서 굵은
베 옷을 입고 밤이 새도록 누울지어
다 이는 소제와 전제를 너희 하나님
의 성전에 드리지 못함이로다
14 너희는 금식일을 정하고 성회를 소집
하여 장로들과 이 땅의 모든 주민들
을 너희 하나님 여호와의 성전으로
모으고 여호와께 부르짖을지어다
15 슬프다 그 날이여 여호와의 날이 가
까웠나니 곧 멸망 같이 전능자에게로
부터 이르리로다
16 먹을 것이 우리 눈 앞에 끊어지지 아
니하였느냐 기쁨과 즐거움이 우리 하
나님의 성전에서 끊어지지 아니하였
느냐
17 씨가 흙덩이 아래에서 썩어졌고 창
고가 비었고 곳간이 무너졌으니 이는
곡식이 시들었음이로다
18 가축이 울부짖고 소 떼가 소란하니 이
는 꼴이 없음이라 양 떼도 피곤하도다
19 여호와여 내가 주께 부르짖으오니 불
이 목장의 풀을 살랐고 불꽃이 들의
모든 나무를 살랐음이니이다
20 들짐승도 주를 향하여 헐떡거리오니
시내가 다 말랐고 들의 풀이 불에 탔
음이니이다

14】

15】

16】

17】

18】

19】

20】

여호와의 날을 경고하는 메뚜기 떼

2

1 시온에서 나팔을 불며 나의 거룩한
산에서 경고의 소리를 질러 이 땅
주민들로 다 떨게 할지니 이는 여호
와의 날이 이르게 됨이니라 이제 임
박하였으니
2 곧 어둡고 캄캄한 날이요 짙은 구름
이 덮인 날이라 새벽 빛이 산 꼭대기
에 덮인 것과 같으니 이는 많고 강한
백성이 이르렀음이라 이와 같은 것이
옛날에도 없었고 이후에도 대대에 없
으리로다
3 불이 그들의 앞을 사르며 불꽃이 그
들의 뒤를 태우니 그들의 예전의 땅
은 에덴 동산 같았으나 그들의 나중
의 땅은 황폐한 들 같으니 그것을 피
한 자가 없도다
4 ○ 그의 모양은 말 같고 그 달리는 것
은 기병 같으며
5 그들이 산 꼭대기에서 뛰는 소리는
병거 소리와도 같고 불꽃이 검불을
사르는 소리와도 같으며 강한 군사가
줄을 벌이고 싸우는 것 같으니
6 그 앞에서 백성들이 질리고, 무리의
낯빛이 하얘졌도다
7 그들이 용사 같이 달리며 무사 같이
성을 기어 오르며 각기 자기의 길로

1】

2】

3】

4】

5】

6】

7】

나아가되 그 줄을 이탈하지 아니하며
8 피차에 부딪치지 아니하고 각기 자
기의 길로 나아가며 무기를 돌파하고
나아가나 상하지 아니하며
9 성중에 뛰어 들어가며 성 위에 달리
며 집에 기어 오르며 도둑 같이 창으
로 들어가니
10 그 앞에서 땅이 진동하며 하늘이 떨
며 해와 달이 캄캄하며 별들이 빛을
거두도다
11 여호와께서 그의 군대 앞에서 소리를
지르시고 그의 진영은 심히 크고 그
의 명령을 행하는 자는 강하니 여호
와의 날이 크고 심히 두렵도다 당할
자가 누구이랴

여호와께로 돌아올지어다

12 ○ 여호와의 말씀에 너희는 이제라도
금식하고 울며 애통하고 마음을 다하
여 내게로 돌아오라 하셨나니
13 너희는 옷을 찢지 말고 마음을 찢고 너
희 하나님 여호와께로 돌아올지어다
그는 은혜로우시며 자비로우시며 노하
기를 더디하시며 인애가 크시사 뜻을
돌이켜 재앙을 내리지 아니하시나니
14 주께서 혹시 마음과 뜻을 돌이키시고
그 뒤에 복을 내리사 너희 하나님 여
호와께 소제와 전제를 드리게 하지

8】

9】

10】

11】

12】

13】

14】

아니하실는지 누가 알겠느냐
15 ○ 너희는 시온에서 나팔을 불어 거룩
한 금식일을 정하고 성회를 소집하라
16 백성을 모아 그 모임을 거룩하게 하고
장로들을 모으며 어린이와 젖 먹는 자
를 모으며 신랑을 그 방에서 나오게 하
며 신부도 그 신방에서 나오게 하고
17 여호와를 섬기는 제사장들은 낭실과
제단 사이에서 울며 이르기를 여호와
여 주의 백성을 불쌍히 여기소서 주의
기업을 욕되게 하여 나라들로 그들을
관할하지 못하게 하옵소서 어찌하여
이방인으로 그들의 하나님이 어디 있
느냐 말하게 하겠나이까 할지어다

이른 비와 늦은 비를 적당하게 주시다

18 ○ 그 때에 여호와께서 자기의 땅을
극진히 사랑하시어 그의 백성을 불쌍
히 여기실 것이라
19 여호와께서 그들에게 응답하여 이르
시기를 내가 너희에게 곡식과 새 포
도주와 기름을 주리니 너희가 이로
말미암아 흡족하리라 내가 다시는 너
희가 나라들 가운데에서 욕을 당하지
않게 할 것이며
20 내가 북쪽 군대를 너희에게서 멀리
떠나게 하여 메마르고 적막한 땅으로
쫓아내리니 그 앞의 부대는 동해로,

15】

16】

17】

18】

19】

20】

그 뒤의 부대는 서해로 들어갈 것이
라 상한 냄새가 일어나고 악취가 오
르리니 이는 큰 일을 행하였음이니라
하시리라
21 ○ 땅이여 두려워하지 말고 기뻐하며
즐거워할지어다 여호와께서 큰 일을
행하셨음이로다
22 들짐승들아 두려워하지 말지어다 들
의 풀이 싹이 나며 나무가 열매를 맺
으며 무화과나무와 포도나무가 다 힘
을 내는도다
23 시온의 자녀들아 너희는 너희 하나
님 여호와로 말미암아 기뻐하며 즐거
워할지어다 그가 너희를 위하여 비를
내리시되 이른 비를 너희에게 적당하
게 주시리니 이른 비와 늦은 비가 예
전과 같을 것이라
24 마당에는 밀이 가득하고 독에는 새
포도주와 기름이 넘치리로다
25 내가 전에 너희에게 보낸 큰 군대 곧
메뚜기와 느치와 황충과 팥중이가 먹
은 햇수대로 너희에게 갚아 주리니
26 너희는 먹되 풍족히 먹고 너희에게 놀
라운 일을 행하신 너희 하나님 여호와
의 이름을 찬송할 것이라 내 백성이
영원히 수치를 당하지 아니하리로다
27 그런즉 내가 이스라엘 가운데에 있어

21】

22】

23】

24】

25】

26】

27】

너희 하나님 여호와가 되고 다른 이
가 없는 줄을 너희가 알 것이라 내 백
성이 영원히 수치를 당하지 아니하리
로다

내 영을 만민에게 부어 주리니

28 ○ 그 후에 내가 내 영을 만민에게 부
어 주리니 너희 자녀들이 장래 일을
말할 것이며 너희 늙은이는 꿈을 꾸
며 너희 젊은이는 이상을 볼 것이며
29 그 때에 내가 또 내 영을 남종과 여종
에게 부어 줄 것이며
30 내가 이적을 하늘과 땅에 베풀리니
곧 피와 불과 연기 기둥이라
31 여호와의 크고 두려운 날이 이르기
전에 해가 어두워지고 달이 핏빛 같
이 변하려니와
32 누구든지 여호와의 이름을 부르는 자
는 구원을 얻으리니 이는 나 여호와
의 말대로 시온 산과 예루살렘에서
피할 자가 있을 것임이요 남은 자 중
에 나 여호와의 부름을 받을 자가 있
을 것임이니라

28】

29】

30】

31】

32】

여호와께서 민족들을 심판하시다

3
1 보라 그 날 곧 내가 유다와 예루살
렘 가운데에서 사로잡힌 자를 돌아
오게 할 그 때에

1】

2 내가 만국을 모아 데리고 여호사밧 골
짜기에 내려가서 내 백성 곧 내 기업
인 이스라엘을 위하여 거기에서 그들
을 심문하리니 이는 그들이 이스라엘
을 나라들 가운데에 흩어 버리고 나
의 땅을 나누었음이며
3 또 제비 뽑아 내 백성을 끌어 가서 소
년을 기생과 바꾸며 소녀를 술과 바
꾸어 마셨음이니라
4 두로와 시돈과 블레셋 사방아 너희가
나와 무슨 상관이 있느냐 너희가 내
게 보복하겠느냐 만일 내게 보복하면
너희가 보복하는 것을 내가 신속히
너희 머리에 돌리리니
5 곧 너희가 내 은과 금을 빼앗고 나의
진기한 보물을 너희 신전으로 가져갔
으며
6 또 유다 자손과 예루살렘 자손들을
헬라 족속에게 팔아서 그들의 영토에
서 멀리 떠나게 하였음이니라
7 보라 내가 그들을 너희가 팔아 이르
게 한 곳에서 일으켜 나오게 하고 너
희가 행한 것을 너희 머리에 돌려서
8 너희 자녀를 유다 자손의 손에 팔리니
그들은 다시 먼 나라 스바 사람에게
팔리라 여호와께서 말씀하셨느니라
9 ○ 너희는 모든 민족에게 이렇게 널

2】

3】

4】

5】

6】

7】

8】

9】

리 선포할지어다 너희는 전쟁을 준비
하고 용사를 격려하고 병사로 다 가
까이 나아와서 올라오게 할지어다
10 너희는 보습을 쳐서 칼을 만들지어다
낫을 쳐서 창을 만들지어다 약한 자
도 이르기를 나는 강하다 할지어다
11 사면의 민족들아 너희는 속히 와서
모일지어다 여호와여 주의 용사들로
그리로 내려오게 하옵소서
12 민족들은 일어나서 여호사밧 골짜기
로 올라올지어다 내가 거기에 앉아서
사면의 민족들을 다 심판하리로다
13 너희는 낫을 쓰라 곡식이 익었도다
와서 밟을지어다 포도주 틀이 가득히
차고 포도주 독이 넘치니 그들의 악
이 큼이로다

여호와께서 백성들에게 복을 주시다

14 ○ 사람이 많음이여, 심판의 골짜기에
사람이 많음이여, 심판의 골짜기에 여
호와의 날이 가까움이로다
15 해와 달이 캄캄하며 별들이 그 빛을
거두도다
16 여호와께서 시온에서 부르짖고 예루
살렘에서 목소리를 내시리니 하늘과
땅이 진동하리로다 그러나 여호와께
서 그의 백성의 피난처, 이스라엘 자
손의 산성이 되시리로다

10】
11】
12】
13】
14】
15】
16】

17 그런즉 너희가 나는 내 성산 시온에
사는 너희 하나님 여호와인 줄 알 것
이라 예루살렘이 거룩하리니 다시는
이방 사람이 그 가운데로 통행하지
못하리로다
18 ○ 그 날에 산들이 단 포도주를 떨어
뜨릴 것이며 작은 산들이 젖을 흘릴
것이며 유다 모든 시내가 물을 흘릴
것이며 여호와의 성전에서 샘이 흘러
나와서 싯딤 골짜기에 대리라
19 그러나 애굽은 황무지가 되겠고 에돔
은 황무한 들이 되리니 이는 그들이
유다 자손에게 포악을 행하여 무죄한
피를 그 땅에서 흘렸음이니라
20 유다는 영원히 있겠고 예루살렘은 대
대로 있으리라
21 내가 전에는 그들의 피흘림 당한 것
을 갚아 주지 아니하였거니와 이제는
갚아 주리니 이는 여호와께서 시온에
거하심이니라

17】

18】

19】

20】

21】

아모스

(1-9장)

1

1 유다 왕 웃시야의 시대 곧 이스라
엘 왕 요아스의 아들 여로보암의

1】

시대 지진 전 이년에 드고아 목자 중
아모스가 이스라엘에 대하여 이상으
로 받은 말씀이라
2 ○ 그가 이르되 여호와께서 시온에서
부터 부르짖으시며 예루살렘에서부
터 소리를 내시리니 목자의 초장이 마
르고 갈멜 산 꼭대기가 마르리로다

이스라엘 이웃 나라들에 내리신 벌

3 ○ 여호와께서 이와 같이 말씀하시
되 다메섹의 서너 가지 죄로 말미암
아 내가 그 벌을 돌이키지 아니하리
니 이는 그들이 철 타작기로 타작하
듯 길르앗을 압박하였음이라
4 내가 하사엘의 집에 불을 보내리니
벤하닷의 궁궐들을 사르리라
5 내가 다메섹의 빗장을 꺾으며 아웬
골짜기에서 그 주민들을 끊으며 벧에
덴에서 규 잡은 자를 끊으리니 아람
백성이 사로잡혀 기르에 이르리라 여
호와께서 말씀하셨느니라
6 ○ 여호와께서 이와 같이 말씀하시되
가사의 서너 가지 죄로 말미암아 내
가 그 벌을 돌이키지 아니하리니 이
는 그들이 모든 사로잡은 자를 끌어
에돔에 넘겼음이라
7 내가 가사 성에 불을 보내리니 그 궁
궐들을 사르리라

2】

3】

4】

5】

6】

7】

8 내가 또 아스돗에서 그 주민들과 아
스글론에서 규를 잡은 자를 끊고 또
손을 돌이켜 에그론을 치리니 블레셋
의 남아 있는 자가 멸망하리라 주 여
호와께서 말씀하셨느니라
9 ○ 여호와께서 이와 같이 말씀하시되
두로의 서너 가지 죄로 말미암아 내
가 그 벌을 돌이키지 아니하리니 이
는 그들이 그 형제의 계약을 기억하
지 아니하고 모든 사로잡은 자를 에
돔에 넘겼음이라
10 내가 두로 성에 불을 보내리니 그 궁
궐들을 사르리라
11 ○ 여호와께서 이와 같이 말씀하시되
에돔의 서너 가지 죄로 말미암아 내
가 그 벌을 돌이키지 아니하리니 이
는 그가 칼로 그의 형제를 쫓아가며
긍휼을 버리며 항상 맹렬히 화를 내
며 분을 끝없이 품었음이라
12 내가 데만에 불을 보내리니 보스라의
궁궐들을 사르리라
13 ○ 여호와께서 이와 같이 말씀하시되
암몬 자손의 서너 가지 죄로 말미암
아 내가 그 벌을 돌이키지 아니하리
니 이는 그들이 자기 지경을 넓히고
자 하여 길르앗의 아이 밴 여인의 배
를 갈랐음이니라

8】

9】

10】

11】

12】

13】

14 내가 랍바 성에 불을 놓아 그 궁궐들
을 사르되 전쟁의 날에 외침과 회오
리바람의 날에 폭풍으로 할 것이며
15 그들의 왕은 그 지도자들과 함께 사
로잡혀 가리라 여호와께서 말씀하셨
느니라

14】

15】

2

1 여호와께서 이와 같이 말씀하시되
모압의 서너 가지 죄로 말미암아
내가 그 벌을 돌이키지 아니하리니
이는 그가 에돔 왕의 뼈를 불살라 재
를 만들었음이라
2 내가 모압에 불을 보내리니 그리욧 궁
궐들을 사르리라 모압이 요란함과 외
침과 나팔 소리 중에서 죽을 것이라
3 내가 그 중에서 재판장을 멸하며 지
도자들을 그와 함께 죽이리라 여호와
께서 말씀하시니라

유다에 내리신 벌

4 ○ 여호와께서 이와 같이 말씀하시되
유다의 서너 가지 죄로 말미암아 내
가 그 벌을 돌이키지 아니하리니 이
는 그들이 여호와의 율법을 멸시하며
그 율례를 지키지 아니하고 그의 조
상들이 따라가던 거짓 것에 미혹되었
음이라
5 내가 유다에 불을 보내리니 예루살렘

1】

2】

3】

4】

5】

의 궁궐들을 사르리라

이스라엘에 내리신 벌

6 ○ 여호와께서 이와 같이 말씀하시되
이스라엘의 서너 가지 죄로 말미암아
내가 그 벌을 돌이키지 아니하리니
이는 그들이 은을 받고 의인을 팔며
신 한 켤레를 받고 가난한 자를 팔며
7 힘 없는 자의 머리를 티끌 먼지 속에
발로 밟고 연약한 자의 길을 굽게 하
며 아버지와 아들이 한 젊은 여인에게
다녀서 내 거룩한 이름을 더럽히며
8 모든 제단 옆에서 전당 잡은 옷 위에
누우며 그들의 신전에서 벌금으로 얻
은 포도주를 마심이니라
9 ○ 내가 아모리 사람을 그들 앞에서
멸하였나니 그 키는 백향목 높이와
같고 강하기는 상수리나무 같으나 내
가 그 위의 열매와 그 아래의 뿌리를
진멸하였느니라
10 내가 너희를 애굽 땅에서 이끌어 내
어 사십 년 동안 광야에서 인도하고
아모리 사람의 땅을 너희가 차지하게
하였고
11 또 너희 아들 중에서 선지자를, 너희
청년 중에서 나실인을 일으켰나니 이
스라엘 자손들아 과연 그렇지 아니하
냐 이는 여호와의 말씀이니라

6】

7】

8】

9】

10】

11】

12 그러나 너희가 나실 사람으로 포도주
를 마시게 하며 또 선지자에게 명령
하여 예언하지 말라 하였느니라
13 ○ 보라 곡식 단을 가득히 실은 수레
가 흙을 누름 같이 내가 너희를 누르
리니
14 빨리 달음박질하는 자도 도망할 수
없으며 강한 자도 자기 힘을 낼 수 없
으며 용사도 자기 목숨을 구할 수 없
으며
15 활을 가진 자도 설 수 없으며 발이 빠
른 자도 피할 수 없으며 말 타는 자도
자기 목숨을 구할 수 없고
16 용사 가운데 그 마음이 굳센 자도 그
날에는 벌거벗고 도망하리라 여호와
의 말씀이니라

12】

13】

14】

15】

16】

여호와의 말씀을 받은 선지자

3 1 이스라엘 자손들아 여호와께서 너
희에 대하여 이르시는 이 말씀을
들으라 애굽 땅에서 인도하여 올리신
모든 족속에 대하여 이르시기를
2 내가 땅의 모든 족속 가운데 너희만
을 알았나니 그러므로 내가 너희 모
든 죄악을 너희에게 보응하리라 하셨
나니
3 두 사람이 뜻이 같지 않은데 어찌 동

1】

2】

3】

행하겠으며
4 사자가 움킨 것이 없는데 어찌 수풀
에서 부르짖겠으며 젊은 사자가 잡은
것이 없는데 어찌 굴에서 소리를 내
겠느냐
5 덫을 땅에 놓지 않았는데 새가 어찌
거기 치이겠으며 잡힌 것이 없는데
덫이 어찌 땅에서 튀겠느냐
6 성읍에서 나팔이 울리는데 백성이 어
찌 두려워하지 아니하겠으며 여호와
의 행하심이 없는데 재앙이 어찌 성
읍에 임하겠느냐
7 주 여호와께서는 자기의 비밀을 그
종 선지자들에게 보이지 아니하시고
는 결코 행하심이 없으시리라
8 사자가 부르짖은즉 누가 두려워하지
아니하겠느냐 주 여호와께서 말씀하
신즉 누가 예언하지 아니하겠느냐

사마리아에 내리신 벌

9 ○ 아스돗의 궁궐들과 애굽 땅의 궁궐
들에 선포하여 이르기를 너희는 사마
리아 산들에 모여 그 성 중에서 얼마나
큰 요란함과 학대함이 있나 보라 하라
10 자기 궁궐에서 포학과 겁탈을 쌓는
자들이 바른 일 행할 줄을 모르느니
라 여호와의 말씀이니라
11 그러므로 주 여호와께서 이와 같이

4】

5】

6】

7】

8】

9】

10】

11】

말씀하시되 이 땅 사면에 대적이 있
어 네 힘을 쇠하게 하며 네 궁궐을 약
탈하리라
12 여호와께서 이와 같이 말씀하시되 목
자가 사자 입에서 양의 두 다리나 귀
조각을 건져냄과 같이 사마리아에서
침상 모서리에나 걸상의 방석에 앉은
이스라엘 자손도 건져냄을 입으리라
13 ○ 주 여호와 만군의 하나님의 말씀
이니라 너희는 듣고 야곱의 족속에게
증언하라
14 내가 이스라엘의 모든 죄를 보응하는
날에 벧엘의 제단들을 벌하여 그 제
단의 뿔들을 꺾어 땅에 떨어뜨리고
15 겨울 궁과 여름 궁을 치리니 상아 궁
들이 파괴되며 큰 궁들이 무너지리라
여호와의 말씀이니라

12】

13】

14】

15】

4

1 사마리아의 산에 있는 바산의 암
소들아 이 말을 들으라 너희는 힘
없는 자를 학대하며 가난한 자를 압
제하며 가장에게 이르기를 술을 가져
다가 우리로 마시게 하라 하는도다
2 주 여호와께서 자기의 거룩함을 두
고 맹세하시되 때가 너희에게 이를지
라 사람이 갈고리로 너희를 끌어 가
며 낚시로 너희의 남은 자들도 그리

1】

2】

하리라
3 너희가 성 무너진 데를 통하여 각기
앞으로 바로 나가서 하르몬에 던져지
리라 여호와의 말씀이니라

돌아오지 아니하는 백성 이스라엘

4 ○ 너희는 벧엘에 가서 범죄하며 길갈
에 가서 죄를 더하며 아침마다 너희 희
생을, 삼일마다 너희 십일조를 드리며
5 누룩 넣은 것을 불살라 수은제로 드
리며 낙헌제를 소리내어 선포하려무
나 이스라엘 자손들아 이것이 너희가
기뻐하는 바니라 주 여호와의 말씀이
니라
6 ○ 또 내가 너희 모든 성읍에서 너희
이를 깨끗하게 하며 너희의 각 처소
에서 양식이 떨어지게 하였으나 너희
가 내게로 돌아오지 아니하였느니라
여호와의 말씀이니라
7 또 추수하기 석 달 전에 내가 너희에
게 비를 멈추게 하여 어떤 성읍에는
내리고 어떤 성읍에는 내리지 않게
하였더니 땅 한 부분은 비를 얻고 한
부분은 비를 얻지 못하여 말랐으매
8 두 세 성읍 사람이 어떤 성읍으로 비
틀거리며 물을 마시러 가서 만족하게
마시지 못하였으나 너희가 내게로 돌
아오지 아니하였느니라 여호와의 말

3】

4】

5】

6】

7】

8】

씀이니라
9 내가 곡식을 마르게 하는 재앙과 깜
부기 재앙으로 너희를 쳤으며 팥중이
로 너희의 많은 동산과 포도원과 무
화과나무와 감람나무를 다 먹게 하였
으나 너희가 내게로 돌아오지 아니하
였느니라 여호와의 말씀이니라
10 내가 너희 중에 전염병 보내기를 애
굽에서 한 것처럼 하였으며 칼로 너
희 청년들을 죽였으며 너희 말들을 노
략하게 하며 너희 진영의 악취로 코를
찌르게 하였으나 너희가 내게로 돌아
오지 아니하였느니라 여호와의 말씀
이니라
11 내가 너희 중의 성읍 무너뜨리기를
하나님인 내가 소돔과 고모라를 무너
뜨림 같이 하였으므로 너희가 불붙는
가운데서 빼낸 나무 조각 같이 되었
으나 너희가 내게로 돌아오지 아니하
였느니라 여호와의 말씀이니라
12 ○ 그러므로 이스라엘아 내가 이와 같
이 네게 행하리라 내가 이것을 네게
행하리니 이스라엘아 네 하나님 만나
기를 준비하라
13 보라 산들을 지으며 바람을 창조하
며 자기 뜻을 사람에게 보이며 아침
을 어둡게 하며 땅의 높은 데를 밟는

9】

10】

11】

12】

13】

년 월 일

이는 그의 이름이 만군의 하나님 여
호와시니라

애가

5
1 이스라엘 족속아 내가 너희에게 대
하여 애가로 지은 이 말을 들으라
2 처녀 이스라엘이 엎드러졌음이여 다
시 일어나지 못하리로다 자기 땅에 던
지움이여 일으킬 자 없으리로다
3 주 여호와께서 이와 같이 말씀하시되
이스라엘 중에서 천 명이 행군해 나가
던 성읍에는 백 명만 남고 백 명이 행
군해 나가던 성읍에는 열 명만 남으리
라 하셨느니라

여호와를 찾으라

4 ○ 여호와께서 이스라엘 족속에게 이
와 같이 말씀하시기를 너희는 나를 찾
으라 그리하면 살리라
5 벧엘을 찾지 말며 길갈로 들어가지 말
며 브엘세바로도 나아가지 말라 길갈
은 반드시 사로잡히겠고 벧엘은 비참
하게 될 것임이라 하셨나니
6 너희는 여호와를 찾으라 그리하면 살
리라 그렇지 않으면 그가 불 같이 요
셉의 집에 임하여 멸하시리니 벧엘에
서 그 불들을 끌 자가 없으리라
7 정의를 쓴 쑥으로 바꾸며 공의를 땅에

1】

2】

3】

4】

5】

6】

7】

던지는 자들아
8 묘성과 삼성을 만드시며 사망의 그
늘을 아침으로 바꾸시고 낮을 어두운
밤으로 바꾸시며 바닷물을 불러 지면
에 쏟으시는 이를 찾으라 그의 이름
은 여호와시니라
9 그가 강한 자에게 갑자기 패망이 이
르게 하신즉 그 패망이 산성에 미치
느니라
10 무리가 성문에서 책망하는 자를 미워
하며 정직히 말하는 자를 싫어하는
도다
11 너희가 힘없는 자를 밟고 그에게서
밀의 부당한 세를 거두었은즉 너희가
비록 다듬은 돌로 집을 건축하였으나
거기 거주하지 못할 것이요 아름다운
포도원을 가꾸었으나 그 포도주를 마
시지 못하리라
12 너희의 허물이 많고 죄악이 무거움을
내가 아노라 너희는 의인을 학대하며
뇌물을 받고 성문에서 가난한 자를
억울하게 하는 자로다
13 그러므로 이런 때에 지혜자가 잠잠하
나니 이는 악한 때임이니라
14 ○ 너희는 살려면 선을 구하고 악을
구하지 말지어다 만군의 하나님 여호
와께서 너희의 말과 같이 너희와 함

8】

9】

10】

11】

12】

13】

14】

께 하시리라
15 너희는 악을 미워하고 선을 사랑하며
성문에서 정의를 세울지어다 만군의
하나님 여호와께서 혹시 요셉의 남은
자를 불쌍히 여기시리라
16 ○ 그러므로 주 만군의 하나님 여호
와께서 이와 같이 말씀하시기를 사람
이 모든 광장에서 울겠고 모든 거리
에서 슬프도다 슬프도다 하겠으며 농
부를 불러다가 애곡하게 하며 울음꾼
을 불러다가 울게 할 것이며
17 모든 포도원에서도 울리니 이는 내가
너희 가운데로 지나갈 것임이라 여호
와의 말씀이니라
18 ○ 화 있을진저 여호와의 날을 사모
하는 자여 너희가 어찌하여 여호와
의 날을 사모하느냐 그 날은 어둠이
요 빛이 아니라
19 마치 사람이 사자를 피하다가 곰을
만나거나 혹은 집에 들어가서 손을
벽에 대었다가 뱀에게 물림 같도다
20 여호와의 날은 빛 없는 어둠이 아니
며 빛남 없는 캄캄함이 아니냐
21 ○ 내가 너희 절기들을 미워하여 멸
시하며 너희 성회들을 기뻐하지 아니
하나니
22 너희가 내게 번제나 소제를 드릴지라

15】

16】

17】

18】

19】

20】

21】

22】

도 내가 받지 아니할 것이요 너희의
살진 희생의 화목제도 내가 돌아보지
아니하리라
23 네 노랫소리를 내 앞에서 그칠지어다
네 비파 소리도 내가 듣지 아니하리라
24 오직 정의를 물 같이, 공의를 마르지
않는 강 같이 흐르게 할지어다
25 이스라엘 족속아 너희가 사십 년 동
안 광야에서 희생과 소제물을 내게
드렸느냐
26 너희가 너희 왕 식굿과 기윤과 너희
우상들과 너희가 너희를 위하여 만든
신들의 별 형상을 지고 가리라
27 내가 너희를 다메섹 밖으로 사로잡혀
가게 하리라 그의 이름이 만군의 하
나님이라 불리우는 여호와께서 말씀
하셨느니라

23】

24】

25】

26】

27】

이스라엘의 멸망

6
1 화 있을진저 시온에서 교만한 자와
사마리아 산에서 마음이 든든한
자 곧 백성들의 머리인 지도자들이여
이스라엘 집이 그들을 따르는도다
2 너희는 갈레로 건너가 보고 거기에서
큰 하맛으로 가고 또 블레셋 사람의
가드로 내려가라 너희가 이 나라들보
다 나으냐 그 영토가 너희 영토보다

1】

2】

넓으냐
3 너희는 흉한 날이 멀다 하여 포악한
자리로 가까워지게 하고
4 상아 상에 누우며 침상에서 기지개
켜며 양 떼에서 어린 양과 우리에서
송아지를 잡아서 먹고
5 비파 소리에 맞추어 노래를 지절거
리며 다윗처럼 자기를 위하여 악기를
제조하며
6 대접으로 포도주를 마시며 귀한 기름
을 몸에 바르면서 요셉의 환난에 대
하여는 근심하지 아니하는 자로다
7 그러므로 그들이 이제는 사로잡히는
자 중에 앞서 사로잡히리니 기지개
켜는 자의 떠드는 소리가 그치리라
8 만군의 하나님 여호와의 말씀이니라
주 여호와가 당신을 두고 맹세하셨노
라 내가 야곱의 영광을 싫어하며 그
궁궐들을 미워하므로 이 성읍과 거기
에 가득한 것을 원수에게 넘기리라
하셨느니라
9 한 집에 열 사람이 남는다 하여도 다
죽을 것이라
10 죽은 사람의 친척 곧 그 시체를 불사
를 자가 그 뼈를 집 밖으로 가져갈 때
에 그 집 깊숙한 곳에 있는 자에게 묻
기를 아직 더 있느냐 하면 대답하기

3】

4】

5】

6】

7】

8】

9】

10】

를 없다 하리니 그가 또 말하기를 잠
잠하라 우리가 여호와의 이름을 부르
지 못할 것이라 하리라
11 보라 여호와께서 명령하시므로 타격
을 받아 큰 집은 갈라지고 작은 집은
터지리라
12 ○ 말들이 어찌 바위 위에서 달리겠
으며 소가 어찌 거기서 밭 갈겠느냐
그런데 너희는 정의를 쓸개로 바꾸며
공의의 열매를 쓴 쑥으로 바꾸며
13 허무한 것을 기뻐하며 이르기를 우리
는 우리의 힘으로 뿔들을 취하지 아
니하였느냐 하는도다
14 만군의 하나님 여호와의 말씀이니라
이스라엘 족속아 내가 한 나라를 일
으켜 너희를 치리니 그들이 하맛 어
귀에서부터 아라바 시내까지 너희를
학대하리라 하셨느니라

11】

12】

13】

14】

첫째, 메뚜기 재앙

7

1 주 여호와께서 내게 보이신 것이 이
러하니라 왕이 풀을 벤 후 풀이 다
시 움돋기 시작할 때에 주께서 메뚜
기를 지으시매
2 메뚜기가 땅의 풀을 다 먹은지라 내
가 이르되 주 여호와여 청하건대 사
하소서 야곱이 미약하오니 어떻게 서

1】

2】

리이까 하매
3 여호와께서 이에 대하여 뜻을 돌이키
셨으므로 이것이 이루어지지 아니하
리라 여호와께서 말씀하셨느니라

둘째, 불
4 ○ 주 여호와께서 또 내게 보이신 것
이 이러하니라 주 여호와께서 명령하
여 불로 징벌하게 하시니 불이 큰 바다
를 삼키고 육지까지 먹으려 하는지라
5 이에 내가 이르되 주 여호와여 청하
건대 그치소서 야곱이 미약하오니 어
떻게 서리이까 하매
6 주 여호와께서 이에 대하여 뜻을 돌
이켜 주 여호와께서 이르시되 이것도
이루지 아니하리라 하시니라

셋째, 다림줄
7 ○ 또 내게 보이신 것이 이러하니라
다림줄을 가지고 쌓은 담 곁에 주께
서 손에 다림줄을 잡고 서셨더니
8 여호와께서 내게 이르시되 아모스야
네가 무엇을 보느냐 내가 대답하되 다
림줄이니이다 주께서 이르시되 내가
다림줄을 내 백성 이스라엘 가운데
두고 다시는 용서하지 아니하리니
9 이삭의 산당들이 황폐되며 이스라엘
의 성소들이 파괴될 것이라 내가 일
어나 칼로 여로보암의 집을 치리라

3】

4】

5】

6】

7】

8】

9】

하시니라

아모스와 아마샤의 대결

10 ○ 때에 벧엘의 제사장 아마샤가 이
스라엘의 왕 여로보암에게 보내어 이
르되 이스라엘 족속 중에 아모스가
왕을 모반하나니 그 모든 말을 이 땅
이 견딜 수 없나이다
11 아모스가 말하기를 여로보암은 칼에
죽겠고 이스라엘은 반드시 사로잡혀
그 땅에서 떠나겠다 하나이다
12 아마샤가 또 아모스에게 이르되 선견
자야 너는 유다 땅으로 도망하여 가
서 거기에서나 떡을 먹으며 거기에서
나 예언하고
13 다시는 벧엘에서 예언하지 말라 이는
왕의 성소요 나라의 궁궐임이니라
14 아모스가 아마샤에게 대답하여 이르
되 나는 선지자가 아니며 선지자의
아들도 아니라 나는 목자요 뽕나무를
재배하는 자로서
15 양 떼를 따를 때에 여호와께서 나를
데려다가 여호와께서 내게 이르시기
를 가서 내 백성 이스라엘에게 예언
하라 하셨나니
16 이제 너는 여호와의 말씀을 들을지니
라 네가 이르기를 이스라엘에 대하여
예언하지 말며 이삭의 집을 향하여

10】

11】

12】

13】

14】

15】

16】

년 월 일

경고하지 말라 하므로
17 여호와께서 이와 같이 말씀하시기를
네 아내는 성읍 가운데서 창녀가 될
것이요 네 자녀들은 칼에 엎드러지
며 네 땅은 측량하여 나누어질 것이
며 너는 더러운 땅에서 죽을 것이요
이스라엘은 반드시 사로잡혀 그의 땅
에서 떠나리라 하셨느니라

넷째, 여름 광일 한 광주리

8 1 주 여호와께서 내게 이와 같이 보
이셨느니라 보라 여름 과일 한 광
주리이니라
2 그가 말씀하시되 아모스야 네가 무엇
을 보느냐 내가 이르되 여름 과일 한
광주리니이다 하매 여호와께서 내게
이르시되 내 백성 이스라엘의 끝이
이르렀은즉 내가 다시는 그를 용서하
지 아니하리니
3 그 날에 궁전의 노래가 애곡으로 변
할 것이며 곳곳에 시체가 많아서 사
람이 잠잠히 그 시체들을 내어버리리
라 주 여호와의 말씀이니라
4 ○ 가난한 자를 삼키며 땅의 힘없는
자를 망하게 하려는 자들아 이 말을
들으라
5 너희가 이르기를 월삭이 언제 지나

서 우리가 곡식을 팔며 안식일이 언
제 지나서 우리가 밀을 내게 할꼬 에
바를 작게 하고 세겔을 크게 하여 거
짓 저울로 속이며
6 은으로 힘없는 자를 사며 신 한 켤레
로 가난한 자를 사며 찌꺼기 밀을 팔
자 하는도다
7 여호와께서 야곱의 영광을 두고 맹세
하시되 내가 그들의 모든 행위를 절
대로 잊지 아니하리라 하셨나니
8 이로 말미암아 땅이 떨지 않겠으며
그 가운데 모든 주민이 애통하지 않
겠느냐 온 땅이 강의 넘침 같이 솟아
오르며 애굽 강 같이 뛰놀다가 낮아
지리라
9 주 여호와의 말씀이니라 그 날에 내
가 해를 대낮에 지게 하여 백주에 땅
을 캄캄하게 하며
10 너희 절기를 애통으로, 너희 모든 노래
를 애곡으로 변하게 하며 모든 사람에
게 굵은 베로 허리를 동이게 하며 모든
머리를 대머리가 되게 하며 독자의 죽
음으로 말미암아 애통하듯 하게 하며
결국은 곤고한 날과 같게 하리라
11 ○ 주 여호와의 말씀이니라 보라 날
이 이를지라 내가 기근을 땅에 보내
리니 양식이 없어 주림이 아니며 물

6】
7】
8】
9】
10】
11】

이 없어 갈함이 아니요 여호와의 말
씀을 듣지 못한 기갈이라
12 사람이 이 바다에서 저 바다까지, 북
쪽에서 동쪽까지 비틀거리며 여호와
의 말씀을 구하려고 돌아다녀도 얻지
못하리니
13 그 날에 아름다운 처녀와 젊은 남자
가 다 갈하여 쓰러지리라
14 사마리아의 죄된 우상을 두고 맹세하
여 이르기를 단아 네 신들이 살아 있
음을 두고 맹세하노라 하거나 브엘세
바가 위하는 것이 살아 있음을 두고
맹세하노라 하는 사람은 엎드러지고
다시 일어나지 못하리라

12】
13】
14】

다섯째, 범죄한 나라를 멸하리라

9
1 내가 보니 주께서 제단 곁에 서서
이르시되 기둥 머리를 쳐서 문지
방이 움직이게 하며 그것으로 부서져
서 무리의 머리에 떨어지게 하라 내
가 그 남은 자를 칼로 죽이리니 그 중
에서 한 사람도 도망하지 못하며 그
중에서 한 사람도 피하지 못하리라
2 그들이 파고 스올로 들어갈지라도 내
손이 거기에서 붙잡아 낼 것이요 하
늘로 올라갈지라도 내가 거기에서 붙
잡아 내릴 것이며

1】
2】

3 갈멜 산 꼭대기에 숨을지라도 내가 거
기에서 찾아낼 것이요 내 눈을 피하여
바다 밑에 숨을지라도 내가 거기에서
뱀을 명령하여 물게 할 것이요
4 그 원수 앞에 사로잡혀 갈지라도 내
가 거기에서 칼을 명령하여 죽이게 할
것이라 내가 그들에게 주목하여 화를
내리고 복을 내리지 아니하리라 하시
니라
5 ○ 주 만군의 여호와는 땅을 만져 녹
게 하사 거기 거주하는 자가 애통하
게 하시며 그 온 땅이 강의 넘침 같이
솟아 오르며 애굽 강 같이 낮아지게
하시는 이요
6 그의 궁전을 하늘에 세우시며 그 궁
창의 기초를 땅에 두시며 바닷물을
불러 지면에 쏟으시는 이니 그 이름
은 여호와시니라
7 ○ 여호와의 말씀이니라 이스라엘 자
손들아 너희는 내게 구스 족속 같지
아니하냐 내가 이스라엘을 애굽 땅에
서, 블레셋 사람을 갑돌에서, 아람 사
람을 기르에서 올라오게 하지 아니하
였느냐
8 보라 주 여호와의 눈이 범죄한 나라
를 주목하노니 내가 그것을 지면에서
멸하리라 그러나 야곱의 집은 온전히

3】

4】

5】

6】

7】

8】

멸하지는 아니하리라 여호와의 말씀
이니라
9 보라 내가 명령하여 이스라엘 족속을
만국 중에서 체질하기를 체로 체질함
같이 하려니와 그 한 알갱이도 땅에
떨어지지 아니하리라
10 내 백성 중에서 말하기를 화가 우리
에게 미치지 아니하며 이르지 아니하
리라 하는 모든 죄인은 칼에 죽으리라

이스라엘의 회복

11 ○ 그 날에 내가 다윗의 무너진 장막
을 일으키고 그것들의 틈을 막으며
그 허물어진 것을 일으켜서 옛적과
같이 세우고
12 그들이 에돔의 남은 자와 내 이름으
로 일컫는 만국을 기업으로 얻게 하
리라 이 일을 행하시는 여호와의 말
씀이니라
13 여호와의 말씀이니라 보라 날이 이를
지라 그 때에 파종하는 자가 곡식 추
수하는 자의 뒤를 이으며 포도를 밟
는 자가 씨 뿌리는 자의 뒤를 이으며
산들은 단 포도주를 흘리며 작은 산
들은 녹으리라
14 내가 내 백성 이스라엘이 사로잡힌
것을 돌이키리니 그들이 황폐한 성
읍을 건축하여 거주하며 포도원들을

9】

10】

11】

12】

13】

14】

가꾸고 그 포도주를 마시며 과원들을
만들고 그 열매를 먹으리라
15 내가 그들을 그들의 땅에 심으리니
그들이 내가 준 땅에서 다시 뽑히지
아니하리라 네 하나님 여호와의 말씀
이니라

15】

오바댜
(1장)

1

1 오바댜의 묵시라

1】

여호와께서 에돔을 심판하시다

○ 주 여호와께서 에돔에 대하여 이
와 같이 말씀하시니라 우리가 여호
와께로 말미암아 소식을 들었나니 곧
사자가 나라들 가운데에 보내심을 받
고 이르기를 너희는 일어날지어다 우
리가 일어나서 그와 싸우자 하는 것
이니라
2 보라 내가 너를 나라들 가운데에 매
우 작게 하였으므로 네가 크게 멸시
를 받느니라
3 너의 마음의 교만이 너를 속였도다
바위 틈에 거주하며 높은 곳에 사는
자여 네가 마음에 이르기를 누가 능
히 나를 땅에 끌어내리겠느냐 하니

2】

3】

4 네가 독수리처럼 높이 오르며 별 사
이에 깃들일지라도 내가 거기에서
너를 끌어내리리라 여호와의 말씀이
니라
5 혹시 도둑이 네게 이르렀으며 강도가
밤중에 네게 이르렀을지라도 만족할
만큼 훔치면 그치지 아니하였겠느냐
혹시 포도를 따는 자가 네게 이르렀
을지라도 그것을 얼마쯤 남기지 아니
하였겠느냐 네가 어찌 그리 망하였
는고
6 에서가 어찌 그리 수탈되었으며 그
감춘 보물이 어찌 그리 빼앗겼는고
7 너와 약조한 모든 자들이 다 너를 쫓
아 변경에 이르게 하며 너와 화목하던
자들이 너를 속여 이기며 네 먹을 것
을 먹는 자들이 네 아래에 함정을 파
니 네 마음에 지각이 없음이로다
8 여호와의 말씀이니라 그 날에 내가
에돔에서 지혜 있는 자를 멸하며 에
서의 산에서 지각 있는 자를 멸하지
아니하겠느냐
9 드만아 네 용사들이 놀랄 것이라 이
로 말미암아 에서의 산에 있는 사람
은 다 죽임을 당하여 멸절되리라

에돔의 죄

10 ○ 네가 네 형제 야곱에게 행한 포학

4】
5】
6】
7】
8】
9】
10】

으로 말미암아 부끄러움을 당하고 영
원히 멸절되리라
11 네가 멀리 섰던 날 곧 이방인이 그의
재물을 빼앗아 가며 외국인이 그의
성문에 들어가서 예루살렘을 얻기 위
하여 제비 뽑던 날에 너도 그들 중 한
사람 같았느니라
12 네가 형제의 날 곧 그 재앙의 날에 방
관할 것이 아니며 유다 자손이 패망
하는 날에 기뻐할 것이 아니며 그 고
난의 날에 네가 입을 크게 벌릴 것이
아니며
13 내 백성이 환난을 당하는 날에 네가
그 성문에 들어가지 않을 것이며 환
난을 당하는 날에 네가 그 고난을 방
관하지 않을 것이며 환난을 당하는
날에 네가 그 재물에 손을 대지 않을
것이며
14 네거리에 서서 그 도망하는 자를 막지
않을 것이며 고난의 날에 그 남은 자
를 원수에게 넘기지 않을 것이니라

여호와께서 만국을 벌하실 날

15 ○ 여호와께서 만국을 벌할 날이 가
까웠나니 네가 행한 대로 너도 받을
것인즉 네가 행한 것이 네 머리로 돌
아갈 것이라
16 너희가 내 성산에서 마신 것 같이 만

11】

12】

13】

14】

15】

16】

국인이 항상 마시리니 곧 마시고 삼
켜서 본래 없던 것 같이 되리라

여호와께 속할 나라

17 ○ 오직 시온 산에서 피할 자가 있으
리니 그 산이 거룩할 것이요 야곱 족
속은 자기 기업을 누릴 것이며
18 야곱 족속은 불이 될 것이며 요셉 족
속은 불꽃이 될 것이요 에서 족속은
지푸라기가 될 것이라 그들이 그들 위
에 붙어서 그들을 불사를 것인즉 에서
족속에 남은 자가 없으리니 여호와께
서 말씀하셨음이라
19 그들이 네겝과 에서의 산과 평지와
블레셋을 얻을 것이요 또 그들이 에
브라임의 들과 사마리아의 들을 얻을
것이며 베냐민은 길르앗을 얻을 것
이며
20 사로잡혔던 이스라엘의 많은 자손
은 가나안 사람에게 속한 이 땅을 사
르밧까지 얻을 것이며 예루살렘에서
사로잡혔던 자들 곧 스바랏에 있는
자들은 네겝의 성읍들을 얻을 것이
니라
21 구원 받은 자들이 시온 산에 올라와
서 에서의 산을 심판하리니 나라가
여호와께 속하리라

17】

18】

19】

20】

21】

요나

(1-4장)

요나가 여호와를 피하여 달아나다

1 1 여호와의 말씀이 아밋대의 아들
요나에게 임하니라 이르시되
2 너는 일어나 저 큰 성읍 니느웨로 가
서 그것을 향하여 외치라 그 악독이
내 앞에 상달되었음이니라 하시니라
3 그러나 요나가 여호와의 얼굴을 피하
려고 일어나 다시스로 도망하려 하여
욥바로 내려갔더니 마침 다시스로 가
는 배를 만난지라 여호와의 얼굴을
피하여 그들과 함께 다시스로 가려고
배삯을 주고 배에 올랐더라
4 ○ 여호와께서 큰 바람을 바다 위에
내리시매 바다 가운데에 큰 폭풍이
일어나 배가 거의 깨지게 된지라
5 사공들이 두려워하여 각각 자기의 신
을 부르고 또 배를 가볍게 하려고 그
가운데 물건들을 바다에 던지니라 그
러나 요나는 배 밑층에 내려가서 누
워 깊이 잠이 든지라
6 선장이 그에게 가서 이르되 자는 자여
어찌함이냐 일어나서 네 하나님께 구
하라 혹시 하나님이 우리를 생각하사

1】

2】

3】

4】

5】

6】

망하지 아니하게 하시리라 하니라
7 그들이 서로 이르되, 자 우리가 제비를
뽑아 이 재앙이 누구로 말미암아 우
리에게 임하였나 알아 보자 하고 곧
제비를 뽑으니 제비가 요나에게 뽑힌
지라
8 무리가 그에게 이르되 청하건대 이
재앙이 누구 때문에 우리에게 임하였
는가 말하라 네 생업이 무엇이며 네
가 어디서 왔으며 네 나라가 어디며
어느 민족에 속하였느냐 하니
9 그가 대답하되 나는 히브리 사람이요
바다와 육지를 지으신 하늘의 하나님
여호와를 경외하는 자로라 하고
10 자기가 여호와의 얼굴을 피함인 줄을
그들에게 말하였으므로 무리가 알고
심히 두려워하여 이르되 네가 어찌하
여 그렇게 행하였느냐 하니라
11 ○ 바다가 점점 흉용한지라 무리가
그에게 이르되 우리가 너를 어떻게
하여야 바다가 우리를 위하여 잔잔하
겠느냐 하니
12 그가 대답하되 나를 들어 바다에 던
지라 그리하면 바다가 너희를 위하여
잔잔하리라 너희가 이 큰 폭풍을 만
난 것이 나 때문인 줄을 내가 아노라
하니라

7】

8】

9】

10】

11】

12】

13 그러나 그 사람들이 힘써 노를 저어
배를 육지로 돌리고자 하다가 바다가
그들을 향하여 점점 더 흉용하므로
능히 못한지라

14 무리가 여호와께 부르짖어 이르되 여
호와여 구하고 구하오니 이 사람의
생명 때문에 우리를 멸망시키지 마
옵소서 무죄한 피를 우리에게 돌리지
마옵소서 주 여호와께서는 주의 뜻대
로 행하심이니이다 하고

15 요나를 들어 바다에 던지매 바다가
뛰노는 것이 곧 그친지라

16 그 사람들이 여호와를 크게 두려워
하여 여호와께 제물을 드리고 서원을
하였더라

요나의 기도

17 ○ 여호와께서 이미 큰 물고기를 예비
하사 요나를 삼키게 하셨으므로 요나
가 밤낮 삼 일을 물고기 뱃속에 있으
니라

13】

14】

15】

16】

17】

2

1 요나가 물고기 뱃속에서 그의 하나
님 여호와께 기도하여

2 이르되 내가 받는 고난으로 말미암아
여호와께 불러 아뢰었더니 주께서 내
게 대답하셨고 내가 스올의 뱃속에서
부르짖었더니 주께서 내 음성을 들으

1】

2】

셨나이다
3 주께서 나를 깊음 속 바다 가운데에
던지셨으므로 큰 물이 나를 둘렀고
주의 파도와 큰 물결이 다 내 위에 넘
쳤나이다
4 내가 말하기를 내가 주의 목전에서
쫓겨났을지라도 다시 주의 성전을 바
라보겠다 하였나이다
5 물이 나를 영혼까지 둘렀사오며 깊음
이 나를 에워싸고 바다 풀이 내 머리
를 감쌌나이다
6 내가 산의 뿌리까지 내려갔사오며 땅
이 그 빗장으로 나를 오래도록 막았
사오나 나의 하나님 여호와여 주께서
내 생명을 구덩이에서 건지셨나이다
7 내 영혼이 내 속에서 피곤할 때에 내
가 여호와를 생각하였더니 내 기도가
주께 이르렀사오며 주의 성전에 미쳤
나이다
8 거짓되고 헛된 것을 숭상하는 모든
자는 자기에게 베푸신 은혜를 버렸사
오나
9 나는 감사하는 목소리로 주께 제사를
드리며 나의 서원을 주께 갚겠나이다
구원은 여호와께 속하였나이다 하니라
10 ○ 여호와께서 그 물고기에게 말씀하
시매 요나를 육지에 토하니라

3】

4】

5】

6】

7】

8】

9】

10】

니느웨 백성의 회개

3 1 여호와의 말씀이 두 번째로 요나
에게 임하니라 이르시되
2 일어나 저 큰 성읍 니느웨로 가서 내
가 네게 명한 바를 그들에게 선포하
라 하신지라
3 요나가 여호와의 말씀대로 일어나서
니느웨로 가니라 니느웨는 사흘 동
안 걸을 만큼 하나님 앞에 큰 성읍
이더라
4 요나가 그 성읍에 들어가서 하루 동
안 다니며 외쳐 이르되 사십 일이 지
나면 니느웨가 무너지리라 하였더니
5 니느웨 사람들이 하나님을 믿고 금식
을 선포하고 높고 낮은 자를 막론하
고 굵은 베 옷을 입은지라
6 그 일이 니느웨 왕에게 들리매 왕이
보좌에서 일어나 왕복을 벗고 굵은
베 옷을 입고 재 위에 앉으니라
7 왕과 그의 대신들이 조서를 내려 니
느웨에 선포하여 이르되 사람이나 짐
승이나 소 떼나 양 떼나 아무것도 입
에 대지 말지니 곧 먹지도 말 것이요
물도 마시지 말 것이며
8 사람이든지 짐승이든지 다 굵은 베
옷을 입을 것이요 힘써 하나님께 부
르짖을 것이며 각기 악한 길과 손으

1】

2】

3】

4】

5】

6】

7】

8】

로 행한 강포에서 떠날 것이라
9 하나님이 뜻을 돌이키시고 그 진노를
그치사 우리가 멸망하지 않게 하시리
라 그렇지 않을 줄을 누가 알겠느냐
한지라
10 하나님이 그들이 행한 것 곧 그 악한
길에서 돌이켜 떠난 것을 보시고 하
나님이 뜻을 돌이키사 그들에게 내리
리라고 말씀하신 재앙을 내리지 아니
하시니라

9】

10】

요나의 분노와 하나님의 자비

4 1 요나가 매우 싫어하고 성내며
2 여호와께 기도하여 이르되 여호와
여 내가 고국에 있을 때에 이러하겠
다고 말씀하지 아니하였나이까 그러
므로 내가 빨리 다시스로 도망하였사
오니 주께서는 은혜로우시며 자비로
우시며 노하기를 더디하시며 인애가
크시사 뜻을 돌이켜 재앙을 내리지
아니하시는 하나님이신 줄을 내가 알
았음이니이다
3 여호와여 원하건대 이제 내 생명을
거두어 가소서 사는 것보다 죽는 것
이 내게 나음이니이다 하니
4 여호와께서 이르시되 네가 성내는 것
이 옳으냐 하시니라

1】

2】

3】

4】

5 요나가 성읍에서 나가서 그 성읍 동
쪽에 앉아 거기서 자기를 위하여 초
막을 짓고 그 성읍에 무슨 일이 일어
나는가를 보려고 그 그늘 아래에 앉
았더라
6 하나님 여호와께서 박넝쿨을 예비하
사 요나를 가리게 하셨으니 이는 그
의 머리를 위하여 그늘이 지게 하며
그의 괴로움을 면하게 하려 하심이었
더라 요나가 박넝쿨로 말미암아 크게
기뻐하였더니
7 하나님이 벌레를 예비하사 이튿날 새
벽에 그 박넝쿨을 갉아먹게 하시매
시드니라
8 해가 뜰 때에 하나님이 뜨거운 동풍
을 예비하셨고 해는 요나의 머리에
쪼이매 요나가 혼미하여 스스로 죽기
를 구하여 이르되 사는 것보다 죽는
것이 내게 나으니이다 하니라
9 하나님이 요나에게 이르시되 네가 이
박넝쿨로 말미암아 성내는 것이 어
찌 옳으냐 하시니 그가 대답하되 내
가 성내어 죽기까지 할지라도 옳으니
이다 하니라
10 여호와께서 이르시되 네가 수고도 아
니하였고 재배도 아니하였고 하룻밤
에 났다가 하룻밤에 말라 버린 이 박

5】

6】

7】

8】

9】

10】

넝쿨을 아꼈거든
11 하물며 이 큰 성읍 니느웨에는 좌우
를 분변하지 못하는 자가 십이만여
명이요 가축도 많이 있나니 내가 어
찌 아끼지 아니하겠느냐 하시니라

11】

미가

(1-7장)

1
1 유다의 왕들 요담과 아하스와 히
스기야 시대에 모레셋 사람 미가
에게 임한 여호와의 말씀 곧 사마리
아와 예루살렘에 관한 묵시라

1】

야곱의 허물 이스라엘의 죄

2 ○ 백성들아 너희는 다 들을지어다
땅과 거기에 있는 모든 것들아 자세
히 들을지어다 주 여호와께서 너희에
게 대하여 증언하시되 곧 주께서 성
전에서 그리하실 것이니라
3 여호와께서 그의 처소에서 나오시고
강림하사 땅의 높은 곳을 밟으실 것
이라
4 그 아래에서 산들이 녹고 골짜기들이
갈라지기를 불 앞의 밀초 같고 비탈
로 쏟아지는 물 같을 것이니
5 이는 다 야곱의 허물로 말미암음이요

2】

3】

4】

5】

이스라엘 족속의 죄로 말미암음이라
야곱의 허물이 무엇이냐 사마리아가
아니냐 유다의 산당이 무엇이냐 예루
살렘이 아니냐
6 이러므로 내가 사마리아를 들의 무더
기 같게 하고 포도 심을 동산 같게 하
며 또 그 돌들을 골짜기에 쏟아내리
고 그 기초를 드러내며
7 그 새긴 우상들은 다 부서지고 그 음
행의 값은 다 불살라지며 내가 그 목
상들을 다 깨뜨리리니 그가 기생의
값으로 모았은즉 그것이 기생의 값으
로 돌아가리라

상처가 유다와 예루살렘에도 미치다

8 ○ 이러므로 내가 애통하며 애곡하고
벌거벗은 몸으로 행하며 들개 같이
애곡하고 타조 같이 애통하리니
9 이는 그 상처는 고칠 수 없고 그것이
유다까지도 이르고 내 백성의 성문
곧 예루살렘에도 미쳤음이니라
10 가드에 알리지 말며 도무지 울지 말
지어다 내가 베들레아브라에서 티끌
에 굴렀도다
11 사빌 주민아 너는 벗은 몸에 수치를
무릅쓰고 나갈지어다 사아난 주민은
나오지 못하고 벧에셀이 애곡하여 너
희에게 의지할 곳이 없게 하리라

6】

7】

8】

9】

10】

11】

12 마롯 주민이 근심 중에 복을 바라니
이는 재앙이 여호와께로 말미암아 예
루살렘 성문에 임함이니라

12】

13 라기스 주민아 너는 준마에 병거를
메울지어다 라기스는 딸 시온의 죄의
근본이니 이는 이스라엘의 허물이 네
게서 보였음이니라

13】

14 이러므로 너는 가드모레셋에 작별하
는 예물을 줄지어다 악십의 집들이
이스라엘 왕들을 속이리라

14】

15 마레사 주민아 내가 장차 너를 소유할
자로 네게 이르게 하리니 이스라엘의
영광이 아둘람까지 이를 것이라

15】

16 너는 네 기뻐하는 자식으로 인하여
네 머리털을 깎아 대머리 같게 할지
어다 네 머리가 크게 벗어지게 하기
를 독수리 같게 할지어다 이는 그들
이 사로잡혀 너를 떠났음이라

16】

멸망할 자들

2

1 그들이 침상에서 죄를 꾀하며 악을
꾸미고 날이 밝으면 그 손에 힘이
있으므로 그것을 행하는 자는 화 있
을진저

1】

2 밭들을 탐하여 빼앗고 집들을 탐하여
차지하니 그들이 남자와 그의 집과
사람과 그의 산업을 강탈하도다

2】

3 그러므로 여호와의 말씀에 내가 이 족
속에게 재앙을 계획하나니 너희의 목
이 이에서 벗어나지 못할 것이요 또
한 교만하게 다니지 못할 것이라 이
는 재앙의 때임이라 하셨느니라
4 그 때에 너희를 조롱하는 시를 지으
며 슬픈 노래를 불러 이르기를 우리
가 온전히 망하게 되었도다 그가 내
백성의 산업을 옮겨 내게서 떠나게
하시며 우리 밭을 나누어 패역자에게
주시는도다 하리니
5 그러므로 여호와의 회중에서 분깃에
줄을 댈 자가 너희 중에 하나도 없으
리라
6 ○ 그들이 말하기를 너희는 예언하
지 말라 이것은 예언할 것이 아니거
늘 욕하는 말을 그치지 아니한다 하
는도다
7 너희 야곱의 족속아 어찌 이르기를
여호와의 영이 성급하시다 하겠느냐
그의 행위가 이러하시다 하겠느냐 나
의 말이 정직하게 행하는 자에게 유
익하지 아니하냐
8 근래에 내 백성이 원수 같이 일어나
서 전쟁을 피하여 평안히 지나가는
자들의 의복에서 겉옷을 벗기며
9 내 백성의 부녀들을 그들의 즐거운 집

3】

4】

5】

6】

7】

8】

9】

년 월 일

에서 쫓아내고 그들의 어린 자녀에게
서 나의 영광을 영원히 빼앗는도다
10 이것은 너희가 쉴 곳이 아니니 일어
나 떠날지어다 이는 그것이 이미 더
러워졌음이니라 그런즉 반드시 멸하
리니 그 멸망이 크리라
11 사람이 만일 허망하게 행하며 거짓말
로 이르기를 내가 포도주와 독주에 대
하여 네게 예언하리라 할 것 같으면
그 사람이 이 백성의 선지자가 되리
로다
12 ○ 야곱아 내가 반드시 너희 무리를
다 모으며 내가 반드시 이스라엘의
남은 자를 모으고 그들을 한 처소에
두기를 보스라의 양 떼 같이 하며 초
장의 양 떼 같이 하리니 사람들이 크
게 떠들 것이며
13 길을 여는 자가 그들 앞에 올라가고
그들은 길을 열어 성문에 이르러서는
그리로 나갈 것이며 그들의 왕이 앞서
가며 여호와께서는 선두로 가시리라

10】

11】

12】

13】

미가가 이스라엘 통치자들을 고발하다

3
1 내가 또 이르노니 야곱의 우두머리
들과 이스라엘 족속의 통치자들아
들으라 정의를 아는 것이 너희의 본
분이 아니냐

1】

2 너희가 선을 미워하고 악을 기뻐하여
내 백성의 가죽을 벗기고 그 뼈에서
살을 뜯어
3 그들의 살을 먹으며 그 가죽을 벗기
며 그 뼈를 꺾어 다지기를 냄비와 솥
가운데에 담을 고기처럼 하는도다
4 그 때에 그들이 여호와께 부르짖을지
라도 응답하지 아니하시고 그들의 행
위가 악했던 만큼 그들 앞에 얼굴을
가리시리라
5 ○ 내 백성을 유혹하는 선지자들은 이
에 물 것이 있으면 평강을 외치나 그
입에 무엇을 채워 주지 아니하는 자
에게는 전쟁을 준비하는도다 이런 선
지자에 대하여 여호와께서 이르시되
6 그러므로 너희가 밤을 만나리니 이상
을 보지 못할 것이요 어둠을 만나리
니 점 치지 못하리라 하셨나니 이 선
지자 위에는 해가 져서 낮이 캄캄할
것이라
7 선견자가 부끄러워하며 술객이 수치
를 당하여 다 입술을 가릴 것은 하나
님이 응답하지 아니하심이거니와
8 오직 나는 여호와의 영으로 말미암아
능력과 정의와 용기로 충만해져서 야
곱의 허물과 이스라엘의 죄를 그들에
게 보이리라

9 ○ 야곱 족속의 우두머리들과 이스라
엘 족속의 통치자들 곧 정의를 미워
하고 정직한 것을 굽게 하는 자들아
원하노니 이 말을 들을지어다
10 시온을 피로, 예루살렘을 죄악으로 건
축하는도다
11 그들의 우두머리들은 뇌물을 위하여
재판하며 그들의 제사장은 삯을 위하
여 교훈하며 그들의 선지자는 돈을
위하여 점을 치면서도 여호와를 의뢰
하여 이르기를 여호와께서 우리 중에
계시지 아니하냐 재앙이 우리에게 임
하지 아니하리라 하는도다
12 이러므로 너희로 말미암아 시온은 갈
아엎은 밭이 되고 예루살렘은 무더기
가 되고 성전의 산은 수풀의 높은 곳
이 되리라

9】

10】

11】

12】

여호와께서 이루실 평화

4
1 끝날에 이르러는 여호와의 전의
산이 산들의 꼭대기에 굳게 서며
작은 산들 위에 뛰어나고 민족들이
그리로 몰려갈 것이라
2 곧 많은 이방 사람들이 가며 이르기
를 오라 우리가 여호와의 산에 올라
가서 야곱의 하나님의 전에 이르자
그가 그의 도를 가지고 우리에게 가

1】

2】

르치실 것이니라 우리가 그의 길로
행하리라 하리니 이는 율법이 시온에
서부터 나올 것이요 여호와의 말씀이
예루살렘에서부터 나올 것임이라
3 그가 많은 민족들 사이의 일을 심판
하시며 먼 곳 강한 이방 사람을 판결
하시리니 무리가 그 칼을 쳐서 보습
을 만들고 창을 쳐서 낫을 만들 것이
며 이 나라와 저 나라가 다시는 칼을
들고 서로 치지 아니하며 다시는 전
쟁을 연습하지 아니하고
4 각 사람이 자기 포도나무 아래와 자
기 무화과나무 아래에 앉을 것이라
그들을 두렵게 할 자가 없으리니 이
는 만군의 여호와의 입이 이같이 말
씀하셨음이라
5 만민이 각각 자기의 신의 이름을 의
지하여 행하되 오직 우리는 우리 하
나님 여호와의 이름을 의지하여 영원
히 행하리로다

이스라엘이 포로에서 돌아오리라

6 ○ 여호와께서 말씀하시되 그 날에는
내가 저는 자를 모으며 쫓겨난 자와
내가 환난 받게 한 자를 모아
7 발을 저는 자는 남은 백성이 되게 하
며 멀리 쫓겨났던 자들이 강한 나라
가 되게 하고 나 여호와가 시온 산에

3】
4】
5】
6】
7】

서 이제부터 영원까지 그들을 다스리
리라 하셨나니
8 너 양 떼의 망대요 딸 시온의 산이여
이전 권능 곧 딸 예루살렘의 나라가
네게로 돌아오리라
9 ○ 이제 네가 어찌하여 부르짖느냐
너희 중에 왕이 없어졌고 네 모사가
죽었으므로 네가 해산하는 여인처럼
고통함이냐
10 딸 시온이여 해산하는 여인처럼 힘
들여 낳을지어다 이제 네가 성읍에서
나가서 들에 거주하며 또 바벨론까지
이르러 거기서 구원을 얻으리니 여호
와께서 거기서 너를 네 원수들의 손
에서 속량하여 내시리라
11 이제 많은 이방 사람들이 모여서 너
를 치며 이르기를 시온이 더럽게 되
며 그것을 우리 눈으로 바라보기를
원하노라 하거니와
12 그들이 여호와의 뜻을 알지 못하며
그의 계획을 깨닫지 못한 것이라 여
호와께서 곡식 단을 타작 마당에 모
음 같이 그들을 모으셨나니
13 딸 시온이여 일어나서 칠지어다 내가
네 뿔을 무쇠 같게 하며 네 굽을 놋
같게 하리니 네가 여러 백성을 쳐서
깨뜨릴 것이라 네가 그들의 탈취물을

8】

9】

10】

11】

12】

13】

구별하여 여호와께 드리며 그들의 재
물을 온 땅의 주께 돌리리라

5

1 딸 군대여 너는 떼를 모을지어다
그들이 우리를 에워쌌으니 막대기
로 이스라엘 재판자의 뺨을 치리로다

베들레헴에서 다스릴 자가 나오리라

2 ○ 베들레헴 에브라다야 너는 유다 족
속 중에 작을지라도 이스라엘을 다스
릴 자가 네게서 내게로 나올 것이라
그의 근본은 상고에, 영원에 있느니라
3 그러므로 여인이 해산하기까지 그들
을 붙여 두시겠고 그 후에는 그의 형
제 가운데에 남은 자가 이스라엘 자
손에게로 돌아오리니
4 그가 여호와의 능력과 그의 하나님 여
호와의 이름의 위엄을 의지하고 서서
목축하니 그들이 거주할 것이라 이제
그가 창대하여 땅 끝까지 미치리라
5 이 사람은 평강이 될 것이라 앗수르
사람이 우리 땅에 들어와서 우리 궁
들을 밟을 때에는 우리가 일곱 목자
와 여덟 군왕을 일으켜 그를 치리니
6 그들이 칼로 앗수르 땅을 황폐하게
하며 니므롯 땅 어귀를 황폐하게 하
리라 앗수르 사람이 우리 땅에 들어
와서 우리 지경을 밟을 때에는 그가

1】

2】

3】

4】

5】

6】

우리를 그에게서 건져내리라
7 야곱의 남은 자는 많은 백성 가운데
있으리니 그들은 여호와께로부터 내
리는 이슬 같고 풀 위에 내리는 단비
같아서 사람을 기다리지 아니하며 인
생을 기다리지 아니할 것이며
8 야곱의 남은 자는 여러 나라 가운데
와 많은 백성 가운데에 있으리니 그
들은 수풀의 짐승들 중의 사자 같고
양 떼 중의 젊은 사자 같아서 만일 그
가 지나간즉 밟고 찢으리니 능히 구
원할 자가 없을 것이라
9 네 손이 네 대적들 위에 들려서 네 모
든 원수를 진멸하기를 바라노라

심판

10 ○ 여호와께서 이르시되 그 날에 이
르러는 내가 네 군마를 네 가운데에
서 멸절하며 네 병거를 부수며
11 네 땅의 성읍들을 멸하며 네 모든 견
고한 성을 무너뜨릴 것이며
12 내가 또 복술을 네 손에서 끊으리니
네게 다시는 점쟁이가 없게 될 것이며
13 내가 네가 새긴 우상과 주상을 너희 가
운데에서 멸절하리니 네가 네 손으로
만든 것을 다시는 섬기지 아니하리라
14 내가 또 네 아세라 목상을 너희 가운
데에서 빼버리고 네 성읍들을 멸할

7】

8】

9】

10】

11】

12】

13】

14】

것이며
15 내가 또 진노와 분노로 순종하지 아
니한 나라에 갚으리라 하셨느니라

15】

여호와께서 이스라엘과 변론하시다

6
1 너희는 여호와의 말씀을 들을지어
다 너는 일어나서 산을 향하여 변
론하여 작은 산들이 네 목소리를 듣
게 하라 하셨나니
2 너희 산들과 땅의 견고한 지대들아
너희는 여호와의 변론을 들으라 여호
와께서 자기 백성과 변론하시며 이스
라엘과 변론하실 것이라
3 이르시기를 내 백성아 내가 무엇을
네게 행하였으며 무슨 일로 너를 괴
롭게 하였느냐 너는 내게 증언하라
4 내가 너를 애굽 땅에서 인도해 내어 종
노릇 하는 집에서 속량하였고 모세와
아론과 미리암을 네 앞에 보냈느니라
5 내 백성아 너는 모압 왕 발락이 꾀한
것과 브올의 아들 발람이 그에게 대
답한 것을 기억하며 싯딤에서부터 길
갈까지의 일을 기억하라 그리하면 나
여호와가 공의롭게 행한 일을 알리라
하실 것이니라

1】

2】

3】

4】

5】

여호와께서 구하시는 것

6 ○ 내가 무엇을 가지고 여호와 앞에

6】

나아가며 높으신 하나님께 경배할까
내가 번제물로 일 년 된 송아지를 가
지고 그 앞에 나아갈까
7 여호와께서 천천의 숫양이나 만만의
강물 같은 기름을 기뻐하실까 내 허
물을 위하여 내 맏아들을, 내 영혼
의 죄로 말미암아 내 몸의 열매를 드
릴까
8 사람아 주께서 선한 것이 무엇임을
네게 보이셨나니 여호와께서 네게 구
하시는 것은 오직 정의를 행하며 인
자를 사랑하며 겸손하게 네 하나님과
함께 행하는 것이 아니냐
9 ○ 여호와께서 성읍을 향하여 외쳐
부르시나니 지혜는 주의 이름을 경외
함이니라 너희는 매가 예비되었나니
그것을 정하신 이가 누구인지 들을지
니라
10 악인의 집에 아직도 불의한 재물이 있
느냐 축소시킨 가증한 에바가 있느냐
11 내가 만일 부정한 저울을 썼거나 주
머니에 거짓 저울추를 두었으면 깨끗
하겠느냐
12 그 부자들은 강포가 가득하였고 그
주민들은 거짓을 말하니 그 혀가 입
에서 거짓되도다
13 그러므로 나도 너를 쳐서 병들게 하

7】

8】

9】

10】

11】

12】

13】

였으며 네 죄로 말미암아 너를 황폐
하게 하였나니
14 네가 먹어도 배부르지 못하고 항상
속이 빌 것이며 네가 감추어도 보존
되지 못하겠고 보존된 것은 내가 칼
에 붙일 것이며
15 네가 씨를 뿌려도 추수하지 못할 것
이며 감람 열매를 밟아도 기름을 네
몸에 바르지 못할 것이며 포도를 밟
아도 술을 마시지 못하리라
16 너희가 오므리의 율례와 아합 집의 모
든 예법을 지키고 그들의 전통을 따
르니 내가 너희를 황폐하게 하며 그의
주민을 사람의 조소 거리로 만들리
라 너희가 내 백성의 수욕을 담당하
리라

14】

15】

16】

이스라엘의 부패

7

1 재앙이로다 나여 나는 여름 과일을
딴 후와 포도를 거둔 후 같아서 먹
을 포도송이가 없으며 내 마음에 사모
하는 처음 익은 무화과가 없도다
2 경건한 자가 세상에서 끊어졌고 정직
한 자가 사람들 가운데 없도다 무리가
다 피를 흘리려고 매복하며 각기 그물
로 형제를 잡으려 하고
3 두 손으로 악을 부지런히 행하는도다

1】

2】

3】

그 지도자와 재판관은 뇌물을 구하며
권세자는 자기 마음의 욕심을 말하며
그들이 서로 결합하니
4 그들의 가장 선한 자라도 가시 같고
가장 정직한 자라도 찔레 울타리보다
더하도다 그들의 파수꾼들의 날 곧
그들 가운데에 형벌의 날이 임하였으
니 이제는 그들이 요란하리로다
5 너희는 이웃을 믿지 말며 친구를 의
지하지 말며 네 품에 누운 여인에게
라도 네 입의 문을 지킬지어다
6 아들이 아버지를 멸시하며 딸이 어머
니를 대적하며 며느리가 시어머니를
대적하리니 사람의 원수가 곧 자기의
집안 사람이리로다

구원하시는 하나님

7 ○ 오직 나는 여호와를 우러러보며
나를 구원하시는 하나님을 바라보나
니 나의 하나님이 나에게 귀를 기울
이시리로다
8 나의 대적이여 나로 말미암아 기뻐하
지 말지어다 나는 엎드러질지라도 일
어날 것이요 어두운 데에 앉을지라도
여호와께서 나의 빛이 되실 것임이
로다
9 내가 여호와께 범죄하였으니 그의 진
노를 당하려니와 마침내 주께서 나를

4】

5】

6】

7】

8】

9】

위하여 논쟁하시고 심판하시며 주께
서 나를 인도하사 광명에 이르게 하
시리니 내가 그의 공의를 보리로다
10 나의 대적이 이것을 보고 부끄러워하
리니 그는 전에 내게 말하기를 네 하
나님 여호와가 어디 있느냐 하던 자
라 그가 거리의 진흙 같이 밟히리니
그것을 내가 보리로다
11 네 성벽을 건축하는 날 곧 그 날에는
지경이 넓혀질 것이라
12 그 날에는 앗수르에서 애굽 성읍들에
까지, 애굽에서 강까지, 이 바다에서
저 바다까지, 이 산에서 저 산까지의
사람들이 네게로 돌아올 것이나
13 그 땅은 그 주민의 행위의 열매로 말
미암아 황폐하리로다

기도와 찬양

14 ○ 원하건대 주는 주의 지팡이로 주
의 백성 곧 갈멜 속 삼림에 홀로 거주
하는 주의 기업의 양 떼를 먹이시되
그들을 옛날 같이 바산과 길르앗에서
먹이시옵소서
15 이르시되 네가 애굽 땅에서 나오던
날과 같이 내가 그들에게 이적을 보
이리라 하셨느니라
16 이르되 여러 나라가 보고 자기의 세
력을 부끄러워하여 손으로 그 입을

10】

11】

12】

13】

14】

15】

16】

막을 것이요 귀는 막힐 것이며
17 그들이 뱀처럼 티끌을 핥으며 땅에
기는 벌레처럼 떨며 그 좁은 구멍에
서 나와서 두려워하며 우리 하나님
여호와께로 돌아와서 주로 말미암아
두려워하리이다
18 ○ 주와 같은 신이 어디 있으리이까
주께서는 죄악과 그 기업에 남은 자
의 허물을 사유하시며 인애를 기뻐하
시므로 진노를 오래 품지 아니하시나
이다
19 다시 우리를 불쌍히 여기셔서 우리의
죄악을 발로 밟으시고 우리의 모든
죄를 깊은 바다에 던지시리이다
20 주께서 옛적에 우리 조상들에게 맹
세하신 대로 야곱에게 성실을 베푸
시며 아브라함에게 인애를 더하시리
이다

17】

18】

19】

20】

나훔
(1-3장)

1

1 니느웨에 대한 경고 곧 엘고스 사
람 나훔의 묵시의 글이라

1】

니느웨에 대한 여호와의 진노

2 ○ 여호와는 질투하시며 보복하시는

2】

하나님이시니라 여호와는 보복하시
며 진노하시되 자기를 거스르는 자에
게 여호와는 보복하시며 자기를 대적
하는 자에게 진노를 품으시며
3 여호와는 노하기를 더디하시며 권능
이 크시며 벌 받을 자를 결코 내버려
두지 아니하시느니라 여호와의 길은
회오리바람과 광풍에 있고 구름은 그
의 발의 티끌이로다
4 그는 바다를 꾸짖어 그것을 말리시며
모든 강을 말리시나니 바산과 갈멜이
쇠하며 레바논의 꽃이 시드는도다
5 그로 말미암아 산들이 진동하며 작은
산들이 녹고 그 앞에서는 땅 곧 세계
와 그 가운데에 있는 모든 것들이 솟
아오르는도다
6 누가 능히 그의 분노 앞에 서며 누가
능히 그의 진노를 감당하랴 그의 진
노가 불처럼 쏟아지니 그로 말미암아
바위들이 깨지는도다
7 여호와는 선하시며 환난 날에 산성
이시라 그는 자기에게 피하는 자들을
아시느니라
8 그가 범람하는 물로 그 곳을 진멸하
시고 자기 대적들을 흑암으로 쫓아내
시리라
9 ○ 너희는 여호와께 대하여 무엇을

3】

4】

5】

6】

7】

8】

9】

꾀하느냐 그가 온전히 멸하시리니 재
난이 다시 일어나지 아니하리라
10 가시덤불 같이 엉크러졌고 술을 마신
것 같이 취한 그들은 마른 지푸라기
같이 모두 탈 것이거늘
11 여호와께 악을 꾀하는 한 사람이 너희
중에서 나와서 사악한 것을 권하는
도다
12 여호와께서 이같이 말씀하시기를 그
들이 비록 강하고 많을지라도 반드시
멸절을 당하리니 그가 없어지리라 내
가 전에는 너를 괴롭혔으나 다시는
너를 괴롭히지 아니할 것이라
13 이제 네게 지운 그의 멍에를 내가 깨
뜨리고 네 결박을 끊으리라
14 ○ 나 여호와가 네게 대하여 명령하
였나니 네 이름이 다시는 전파되지
않을 것이라 내가 네 신들의 집에서
새긴 우상과 부은 우상을 멸절하며
네 무덤을 준비하리니 이는 네가 쓸
모 없게 되었음이라
15 ○ 볼지어다 아름다운 소식을 알리고
화평을 전하는 자의 발이 산 위에 있
도다 유다야 네 절기를 지키고 네 서
원을 갚을지어다 악인이 진멸되었으
니 그가 다시는 네 가운데로 통행하
지 아니하리로다 하시니라

10】

11】

12】

13】

14】

15】

니느웨의 멸망

2 1 파괴하는 자가 너를 치러 올라왔
나니 너는 산성을 지키며 길을 파
수하며 네 허리를 견고히 묶고 네 힘
을 크게 굳게 할지어다
2 여호와께서 야곱의 영광을 회복하시
되 이스라엘의 영광 같게 하시나니 이
는 약탈자들이 약탈하였고 또 그들의
포도나무 가지를 없이 하였음이라
3 그의 용사들의 방패는 붉고 그의 무
사들의 옷도 붉으며 그 항오를 벌이
는 날에 병거의 쇠가 번쩍이고 노송
나무 창이 요동하는도다
4 그 병거는 미친 듯이 거리를 달리며 대
로에서 이리저리 빨리 달리니 그 모양
이 횃불 같고 빠르기가 번개 같도다
5 그가 그의 존귀한 자들을 생각해 내니
그들이 엎드러질 듯이 달려서 급히 성
에 이르러 막을 것을 준비하도다
6 강들의 수문이 열리고 왕궁이 소멸되며
7 정한 대로 왕후가 벌거벗은 몸으로
끌려가니 그 모든 시녀들이 가슴을
치며 비둘기 같이 슬피 우는도다
8 ○ 니느웨는 예로부터 물이 모인 못
같더니 이제 모두 도망하니 서라 서
라 하나 돌아보는 자가 없도다
9 은을 노략하라 금을 노략하라 그 저

1】

2】

3】

4】

5】

6】

7】

8】

9】

축한 것이 무한하고 아름다운 기구가
풍부함이니라
10 니느웨가 공허하였고 황폐하였도다
주민이 낙담하여 그 무릎이 서로 부
딪히며 모든 허리가 아프게 되며 모
든 낯이 빛을 잃도다
11 이제 사자의 굴이 어디냐 젊은 사자가
먹을 곳이 어디냐 전에는 수사자 암
사자가 그 새끼 사자와 함께 거기서
다니되 그것들을 두렵게 할 자가 없
었으며
12 수사자가 그 새끼를 위하여 먹이를
충분히 찢고 그의 암사자들을 위하
여 움켜 사냥한 것으로 그 굴을 채
웠고 찢은 것으로 그 구멍을 채웠었
도다
13 만군의 여호와의 말씀에 내가 네 대적
이 되어 네 병거들을 불살라 연기가 되
게 하고 네 젊은 사자들을 칼로 멸할
것이며 내가 또 네 노략한 것을 땅에서
끊으리니 네 파견자의 목소리가 다시
는 들리지 아니하리라 하셨느니라

10】

11】

12】

13】

3

1 화 있을진저 피의 성이여 그 안에는
거짓이 가득하고 포악이 가득하며
탈취가 떠나지 아니하는도다
2 휙휙 하는 채찍 소리, 윙윙 하는 병거

1】

2】

바퀴 소리, 뛰는 말, 달리는 병거,
3 충돌하는 기병, 번쩍이는 칼, 번개 같
은 창, 죽임 당한 자의 떼, 주검의 큰
무더기, 무수한 시체여 사람이 그 시
체에 걸려 넘어지니
4 이는 마술에 능숙한 미모의 음녀가
많은 음행을 함이라 그가 그의 음행
으로 여러 나라를 미혹하고 그의 마
술로 여러 족속을 미혹하느니라
5 보라 내가 네게 말하노니 만군의 여호
와의 말씀에 네 치마를 걷어 올려 네
얼굴에 이르게 하고 네 벌거벗은 것을
나라들에게 보이며 네 부끄러운 곳을
뭇 민족에게 보일 것이요
6 내가 또 가증하고 더러운 것들을 네
위에 던져 능욕하여 너를 구경 거리
가 되게 하리니
7 그 때에 너를 보는 자가 다 네게서 도
망하며 이르기를 니느웨가 황폐하였
도다 누가 그것을 위하여 애곡하며
내가 어디서 너를 위로할 자를 구하
리요 하리라
8 ○ 네가 어찌 노아몬보다 낫겠느냐
그는 강들 사이에 있으므로 물이 둘
렸으니 바다가 성루가 되었고 바다가
방어벽이 되었으며
9 구스와 애굽은 그의 힘이 강하여 끝

3】
4】
5】
6】
7】
8】
9】

이 없었고 붓과 루빔이 그를 돕는 자
가 되었으나
10 그가 포로가 되어 사로잡혀 갔고 그
의 어린 아이들은 길 모퉁이 모퉁이
에 메어침을 당하여 부서졌으며 그
의 존귀한 자들은 제비 뽑혀 나뉘었
고 그의 모든 권세자들은 사슬에 결
박되었나니
11 너도 술에 취하여 숨으리라 너도 원
수들 때문에 피난처를 찾으리라
12 네 모든 산성은 무화과나무의 처음
익은 열매가 흔들기만 하면 먹는 자
의 입에 떨어짐과 같으리라
13 네 가운데 장정들은 여인 같고 네 땅
의 성문들은 네 원수 앞에 넓게 열리
고 빗장들은 불에 타도다
14 너는 물을 길어 에워싸일 것을 대비
하며 너의 산성들을 견고하게 하며
진흙에 들어가서 흙을 밟아 벽돌 가
마를 수리하라
15 거기서 불이 너를 삼키며 칼이 너를
베기를 느치가 먹는 것 같이 하리라
네가 느치 같이 스스로 많게 할지어
다 네가 메뚜기 같이 스스로 많게 할
지어다
16 네가 네 상인을 하늘의 별보다 많게
하였으나 느치가 날개를 펴서 날아감

10】
11】
12】
13】
14】
15】
16】

과 같고
17 네 방백은 메뚜기 같고 너의 장수들
은 큰 메뚜기 떼가 추운 날에는 울타
리에 깃들였다가 해가 뜨면 날아감과
같으니 그 있는 곳을 알 수 없도다
18 앗수르 왕이여 네 목자가 자고 네 귀
족은 누워 쉬며 네 백성은 산들에 흩
어지나 그들을 모을 사람이 없도다
19 네 상처는 고칠 수 없고 네 부상은 중
하도다 네 소식을 듣는 자가 다 너를
보고 손뼉을 치나니 이는 그들이 항
상 네게 행패를 당하였음이 아니더냐
하시니라

17】

18】

19】

하바국

(1-3장)

1

1 선지자 하박국이 묵시로 받은 경
고라

1】

하바국의 호소

2 ○ 여호와여 내가 부르짖어도 주께서
듣지 아니하시니 어느 때까지리이까
내가 강포로 말미암아 외쳐도 주께서
구원하지 아니하시나이다
3 어찌하여 내게 죄악을 보게 하시며
패역을 눈으로 보게 하시나이까 겁탈

2】

3】

과 강포가 내 앞에 있고 변론과 분쟁
이 일어났나이다
4 이러므로 율법이 해이하고 정의가 전
혀 시행되지 못하오니 이는 악인이
의인을 에워쌌으므로 정의가 굽게 행
하여짐이니이다

여호와의 응답

5 ○ 여호와께서 이르시되 너희는 여러
나라를 보고 또 보고 놀라고 또 놀랄
지어다 너희의 생전에 내가 한 가지
일을 행할 것이라 누가 너희에게 말
할지라도 너희가 믿지 아니하리라
6 보라 내가 사납고 성급한 백성 곧 땅
이 넓은 곳으로 다니며 자기의 소유
가 아닌 거처들을 점령하는 갈대아
사람을 일으켰나니
7 그들은 두렵고 무서우며 당당함과 위
엄이 자기들에게서 나오며
8 그들의 군마는 표범보다 빠르고 저녁
이리보다 사나우며 그들의 마병은 먼
곳에서부터 빨리 달려오는 마병이라
마치 먹이를 움키려 하는 독수리의
날음과 같으니라
9 그들은 다 강포를 행하러 오는데 앞
을 향하여 나아가며 사람을 사로잡
아 모으기를 모래 같이 많이 할 것
이요

4】

5】

6】

7】

8】

9】

년 월 일

10 왕들을 멸시하며 방백을 조소하며 모
든 견고한 성들을 비웃고 흉벽을 쌓
아 그것을 점령할 것이라

10】

11 그들은 자기들의 힘을 자기들의 신으
로 삼는 자들이라 이에 바람 같이 급
히 몰아 지나치게 행하여 범죄하리라

11】

하박국이 다시 호소하다

12 ○ 선지자가 이르되 여호와 나의 하
나님, 나의 거룩한 이시여 주께서는
만세 전부터 계시지 아니하시니이
까 우리가 사망에 이르지 아니하리
이다 여호와여 주께서 심판하기 위
하여 그들을 두셨나이다 반석이시여
주께서 경계하기 위하여 그들을 세
우셨나이다

12】

13 주께서는 눈이 정결하시므로 악을
차마 보지 못하시며 패역을 차마 보
지 못하시거늘 어찌하여 거짓된 자
들을 방관하시며 악인이 자기보다
의로운 사람을 삼키는데도 잠잠하
시나이까

13】

14 주께서 어찌하여 사람을 바다의 고기
같게 하시며 다스리는 자 없는 벌레
같게 하시나이까

14】

15 그가 낚시로 모두 낚으며 그물로 잡
으며 투망으로 모으고 그리고는 기뻐
하고 즐거워하여

15】

16 그물에 제사하며 투망 앞에 분향하오
니 이는 그것을 힘입어 소득이 풍부하
고 먹을 것이 풍성하게 됨이니이다
17 그가 그물을 떨고는 계속하여 여러
나라를 무자비하게 멸망시키는 것이
옳으니이까

16】

17】

여호와의 응답

2 1 내가 내 파수하는 곳에 서며 성루에
서리라 그가 내게 무엇이라 말씀
하실는지 기다리고 바라보며 나의 질
문에 대하여 어떻게 대답하실는지 보
리라 하였더니
2 여호와께서 내게 대답하여 이르시되
너는 이 묵시를 기록하여 판에 명백
히 새기되 달려가면서도 읽을 수 있
게 하라
3 이 묵시는 정한 때가 있나니 그 종말
이 속히 이르겠고 결코 거짓되지 아
니하리라 비록 더딜지라도 기다리라
지체되지 않고 반드시 응하리라
4 ○ 보라 그의 마음은 교만하며 그 속
에서 정직하지 못하나 의인은 그의
믿음으로 말미암아 살리라
5 그는 술을 즐기며 거짓되고 교만하여
가만히 있지 아니하고 스올처럼 자기
의 욕심을 넓히며 또 그는 사망 같아

1】

2】

3】

4】

5】

서 족한 줄을 모르고 자기에게로 여
러 나라를 모으며 여러 백성을 모으
나니
6 그 무리가 다 속담으로 그를 평론하
며 조롱하는 시로 그를 풍자하지 않
겠느냐 곧 이르기를 화 있을진저 자
기 소유 아닌 것을 모으는 자여 언제
까지 이르겠느냐 볼모 잡은 것으로
무겁게 짐진 자여
7 너를 억누를 자들이 갑자기 일어나지
않겠느냐 너를 괴롭힐 자들이 깨어나
지 않겠느냐 네가 그들에게 노략을
당하지 않겠느냐
8 네가 여러 나라를 노략하였으므로 그
모든 민족의 남은 자가 너를 노략하
리니 이는 네가 사람의 피를 흘렸음
이요 또 땅과 성읍과 그 안의 모든 주
민에게 강포를 행하였음이니라
9 ○ 재앙을 피하기 위하여 높은 데 깃
들이려 하며 자기 집을 위하여 부당한
이익을 취하는 자에게 화 있을진저
10 네가 많은 민족을 멸한 것이 네 집에
욕을 부르며 네 영혼에게 죄를 범하
게 하는 것이 되었도다
11 담에서 돌이 부르짖고 집에서 들보가
응답하리라
12 ○ 피로 성읍을 건설하며 불의로 성

6】

7】

8】

9】

10】

11】

12】

을 건축하는 자에게 화 있을진저
13 민족들이 불탈 것으로 수고하는 것
과 나라들이 헛된 일로 피곤하게 되
는 것이 만군의 여호와께로 말미암음
이 아니냐
14 이는 물이 바다를 덮음 같이 여호와
의 영광을 인정하는 것이 세상에 가
득함이니라
15 ○ 이웃에게 술을 마시게 하되 자기
의 분노를 더하여 그에게 취하게 하
고 그 하체를 드러내려 하는 자에게
화 있을진저
16 네게 영광이 아니요 수치가 가득한즉
너도 마시고 너의 할례 받지 아니한
것을 드러내라 여호와의 오른손의 잔
이 네게로 돌아올 것이라 더러운 욕
이 네 영광을 가리리라
17 이는 네가 레바논에 강포를 행한 것
과 짐승을 죽인 것 곧 사람의 피를 흘
리며 땅과 성읍과 그 안의 모든 주민
에게 강포를 행한 것이 네게로 돌아
오리라
18 ○ 새긴 우상은 그 새겨 만든 자에게
무엇이 유익하겠느냐 부어 만든 우상
은 거짓 스승이라 만든 자가 이 말하
지 못하는 우상을 의지하니 무엇이
유익하겠느냐

13】

14】

15】

16】

17】

18】

19 나무에게 깨라 하며 말하지 못하는
돌에게 일어나라 하는 자에게 화 있
을진저 그것이 교훈을 베풀겠느냐 보
라 이는 금과 은으로 입힌 것인즉 그
속에는 생기가 도무지 없느니라
20 오직 여호와는 그 성전에 계시니 온 땅
은 그 앞에서 잠잠할지니라 하시니라

19】

20】

하바국의 기도

3 1 시기오놋에 맞춘 선지자 하박국의
기도라
2 여호와여 내가 주께 대한 소문을 듣
고 놀랐나이다 여호와여 주는 주의
일을 이 수년 내에 부흥하게 하옵소
서 이 수년 내에 나타내시옵소서 진
노 중에라도 긍휼을 잊지 마옵소서
3 하나님이 데만에서부터 오시며 거룩
한 자가 바란 산에서부터 오시는도다
(셀라) 그의 영광이 하늘을 덮었고 그
의 찬송이 세계에 가득하도다
4 그의 광명이 햇빛 같고 광선이 그의
손에서 나오니 그의 권능이 그 속에
감추어졌도다
5 역병이 그 앞에서 행하며 불덩이가
그의 발 밑에서 나오는도다
6 그가 서신즉 땅이 진동하며 그가 보
신즉 여러 나라가 전율하며 영원한

1】

2】

3】

4】

5】

6】

산이 무너지며 무궁한 작은 산이 엎
드러지나니 그의 행하심이 예로부터
그러하시도다
7 내가 본즉 구산의 장막이 환난을 당
하고 미디안 땅의 휘장이 흔들리는
도다
8 여호와여 주께서 말을 타시며 구원의
병거를 모시오니 강들을 분히 여기심
이니이까 강들을 노여워하심이니이
까 바다를 향하여 성내심이니이까
9 주께서 활을 꺼내시고 화살을 바로
쏘셨나이다(셀라) 주께서 강들로 땅
을 쪼개셨나이다
10 산들이 주를 보고 흔들리며 창수가
넘치고 바다가 소리를 지르며 손을
높이 들었나이다
11 날아가는 주의 화살의 빛과 번쩍이는
주의 창의 광채로 말미암아 해와 달
이 그 처소에 멈추었나이다
12 주께서 노를 발하사 땅을 두르셨으
며 분을 내사 여러 나라를 밟으셨나
이다
13 주께서 주의 백성을 구원하시려고,
기름 부음 받은 자를 구원하시려고
나오사 악인의 집의 머리를 치시며
그 기초를 바닥까지 드러내셨나이다
(셀라)

7】

8】

9】

10】

11】

12】

13】

14 그들이 회오리바람처럼 이르러 나를
흩으려 하며 가만히 가난한 자 삼키
기를 즐거워하나 오직 주께서 그들의
전사의 머리를 그들의 창으로 찌르셨
나이다
15 주께서 말을 타시고 바다 곧 큰 물의
파도를 밟으셨나이다
16 ○ 내가 들었으므로 내 창자가 흔들
렸고 그 목소리로 말미암아 내 입술이
떨렸도다 무리가 우리를 치러 올라오
는 환난 날을 내가 기다리므로 썩이는
것이 내 뼈에 들어왔으며 내 몸은 내
처소에서 떨리는도다
17 비록 무화과나무가 무성하지 못하며
포도나무에 열매가 없으며 감람나무
에 소출이 없으며 밭에 먹을 것이 없
으며 우리에 양이 없으며 외양간에
소가 없을지라도
18 나는 여호와로 말미암아 즐거워하며
나의 구원의 하나님으로 말미암아 기
뻐하리로다
19 주 여호와는 나의 힘이시라 나의 발
을 사슴과 같게 하사 나를 나의 높은
곳으로 다니게 하시리로다 이 노래는
지휘하는 사람을 위하여 내 수금에
맞춘 것이니라

14】

15】

16】

17】

18】

19】

스바냐
(1-3장)

1
1 아몬의 아들 유다 왕 요시야의 시
대에 스바냐에게 임한 여호와의 말
씀이라 스바냐는 히스기야의 현손이
요 아마랴의 증손이요 그다랴의 손자
요 구시의 아들이었더라

여호와의 날

2 ○ 여호와께서 이르시되 내가 땅 위
에서 모든 것을 진멸하리라
3 내가 사람과 짐승을 진멸하고 공중의
새와 바다의 고기와 거치게 하는 것
과 악인들을 아울러 진멸할 것이라
내가 사람을 땅 위에서 멸절하리라
나 여호와의 말이니라
4 내가 유다와 예루살렘의 모든 주민들
위에 손을 펴서 남아 있는 바알을 그
곳에서 멸절하며 그마림이란 이름과
및 그 제사장들을 아울러 멸절하며
5 또 지붕에서 하늘의 뭇 별에게 경배하
는 자들과 경배하며 여호와께 맹세하
면서 말감을 가리켜 맹세하는 자들과
6 여호와를 배반하고 따르지 아니한 자
들과 여호와를 찾지도 아니하며 구하

1】

2】

3】

4】

5】

6】

지도 아니한 자들을 멸절하리라

7 ○ 주 여호와 앞에서 잠잠할지어다
이는 여호와의 날이 가까웠으므로 여
호와께서 희생을 준비하고 그가 청할
자들을 구별하셨음이니라

8 여호와의 희생의 날에 내가 방백들과
왕자들과 이방인의 옷을 입은 자들을
벌할 것이며

9 그 날에 문턱을 뛰어넘어서 포악과
거짓을 자기 주인의 집에 채운 자들
을 내가 벌하리라

10 나 여호와가 말하노라 그 날에 어문
에서는 부르짖는 소리가, 제 이 구역
에서는 울음 소리가, 작은 산들에서는
무너지는 소리가 일어나리라

11 막데스 주민들아 너희는 슬피 울라
가나안 백성이 다 패망하고 은을 거
래하는 자들이 끊어졌음이라

12 그 때에 내가 예루살렘에서 찌꺼기 같
이 가라앉아서 마음속에 스스로 이르
기를 여호와께서는 복도 내리지 아니
하시며 화도 내리지 아니하시리라 하
는 자를 등불로 두루 찾아 벌하리니

13 그들의 재물이 노략되며 그들의 집이
황폐할 것이라 그들이 집을 건축하나
거기에 살지 못하며 포도원을 가꾸나
그 포도주를 마시지 못하리라

7】

8】

9】

10】

11】

12】

13】

14 ○ 여호와의 큰 날이 가깝도다 가깝고
도 빠르도다 여호와의 날의 소리로다
용사가 거기서 심히 슬피 우는도다
15 그날은 분노의 날이요 환난과 고통의
날이요 황폐와 패망의 날이요 캄캄하
고 어두운 날이요 구름과 흑암의 날
이요
16 나팔을 불어 경고하며 견고한 성읍들
을 치며 높은 망대를 치는 날이로다
17 내가 사람들에게 고난을 내려 맹인 같
이 행하게 하리니 이는 그들이 나 여
호와께 범죄하였음이라 또 그들의 피
는 쏟아져서 티끌 같이 되며 그들의
살은 분토 같이 될지라
18 그들의 은과 금이 여호와의 분노의 날
에 능히 그들을 건지지 못할 것이며
이 온 땅이 여호와의 질투의 불에 삼
켜지리니 이는 여호와가 이 땅 모든
주민을 멸절하되 놀랍게 멸절할 것임
이라

14】

15】

16】

17】

18】

공의와 겸손을 구하라

2 1 수치를 모르는 백성아 모일지어다
모일지어다
2 명령이 시행되어 날이 겨 같이 지나가
기 전, 여호와의 진노가 너희에게 내
리기 전, 여호와의 분노의 날이 너희

1】

2】

에게 이르기 전에 그리할지어다
3 여호와의 규례를 지키는 세상의 모든
겸손한 자들아 너희는 여호와를 찾으
며 공의와 겸손을 구하라 너희가 혹
시 여호와의 분노의 날에 숨김을 얻
으리라

이스라엘 이웃 나라들이 받을 벌

4 ○ 가사는 버림을 당하며 아스글론은
폐허가 되며 아스돗은 대낮에 쫓겨나
며 에그론은 뽑히리라
5 해변 주민 그렛 족속에게 화 있을진
저 블레셋 사람의 땅 가나안아 여호
와의 말씀이 너희를 치나니 내가 너
를 멸하여 주민이 없게 하리라
6 해변은 풀밭이 되어 목자의 움막과
양 떼의 우리가 거기에 있을 것이며
7 그 지경은 유다 족속의 남은 자에게
로 돌아갈지라 그들이 거기에서 양
떼를 먹이고 저녁에는 아스글론 집들
에 누우리니 이는 그들의 하나님 여
호와가 그들을 보살피사 그들이 사로
잡힘을 돌이킬 것임이라
8 ○ 내가 모압의 비방과 암몬 자손이
조롱하는 말을 들었나니 그들이 내
백성을 비방하고 자기들의 경계에 대
하여 교만하였느니라
9 그러므로 만군의 여호와 이스라엘의

3】

4】

5】

6】

7】

8】

9】

하나님이 말하노라 내가 나의 삶을
두고 맹세하노니 장차 모압은 소돔 같
으며 암몬 자손은 고모라 같을 것이라
찔레가 나며 소금 구덩이가 되어 영원
히 황폐하리니 내 백성의 남은 자들이
그들을 노략하며 나의 남은 백성이 그
것을 기업으로 얻을 것이라
10 그들이 이런 일을 당할 것은 그들이
만군의 여호와의 백성에 대하여 교만
하여졌음이라
11 여호와가 그들에게 두렵게 되어서 세
상의 모든 신을 쇠약하게 하리니 이
방의 모든 해변 사람들이 각각 자기
처소에서 여호와께 경배하리라
12 ○ 구스 사람들아 너희도 내 칼에 죽
임을 당하리라
13 여호와가 북쪽을 향하여 손을 펴서
앗수르를 멸하며 니느웨를 황폐하게
하여 사막 같이 메마르게 하리니
14 각종 짐승이 그 가운데에 떼로 누울
것이며 당아와 고슴도치가 그 기둥
꼭대기에 깃들이고 그것들이 창에서
울 것이며 문턱이 적막하리니 백향목
으로 지은 것이 벗겨졌음이라
15 이는 기쁜 성이라 염려 없이 거주하
며 마음속에 이르기를 오직 나만 있
고 나 외에는 다른 이가 없다 하더니

10】

11】

12】

13】

14】

15】

어찌 이와 같이 황폐하여 들짐승이
엎드릴 곳이 되었는고 지나가는 자마
다 비웃으며 손을 흔들리로다

예루살렘이 받을 형벌과 보호

3 1 패역하고 더러운 곳, 포학한 그 성
읍이 화 있을진저
2 그가 명령을 듣지 아니하며 교훈을
받지 아니하며 여호와를 의뢰하지 아
니하며 자기 하나님에게 가까이 나아
가지 아니하였도다
3 그 가운데 방백들은 부르짖는 사자요
그의 재판장들은 이튿날까지 남겨 두
는 것이 없는 저녁 이리요
4 그의 선지자들은 경솔하고 간사한 사
람들이요 그의 제사장들은 성소를 더
럽히고 율법을 범하였도다
5 그 가운데에 계시는 여호와는 의로우
사 불의를 행하지 아니하시고 아침마
다 빠짐없이 자기의 공의를 비추시거
늘 불의한 자는 수치를 알지 못하는
도다
6 내가 여러 나라를 끊어 버렸으므로
그들의 망대가 파괴되었고 내가 그
들의 거리를 비게 하여 지나는 자가
없게 하였으므로 그들의 모든 성읍이
황폐하며 사람이 없으며 거주할 자가

1】

2】

3】

4】

5】

6】

없게 되었느니라
7 내가 이르기를 너는 오직 나를 경외
하고 교훈을 받으라 그리하면 내가
형벌을 내리기로 정하기는 하였지만
너의 거처가 끊어지지 아니하리라 하
였으나 그들이 부지런히 그들의 모든
행위를 더럽게 하였느니라
8 ○ 나 여호와가 말하노라 그러므로 내
가 일어나 벌할 날까지 너희는 나를
기다리라 내가 뜻을 정하고 나의 분
노와 모든 진노를 쏟으려고 여러 나
라를 소집하며 왕국들을 모으리라 온
땅이 나의 질투의 불에 소멸되리라
9 ○ 그 때에 내가 여러 백성의 입술을
깨끗하게 하여 그들이 다 여호와의
이름을 부르며 한 가지로 나를 섬기
게 하리니
10 내게 구하는 백성들 곧 내가 흩은 자
의 딸이 구스 강 건너편에서부터 예
물을 가지고 와서 내게 바칠지라
11 그 날에 네가 내게 범죄한 모든 행위
로 말미암아 수치를 당하지 아니할
것은 그 때에 내가 네 가운데서 교만
하여 자랑하는 자들을 제거하여 네가
나의 성산에서 다시는 교만하지 않게
할 것임이라
12 내가 곤고하고 가난한 백성을 네 가

7】

8】

9】

10】

11】

12】

운데에 남겨 두리니 그들이 여호와의
이름을 의탁하여 보호를 받을지라
13 이스라엘의 남은 자는 악을 행하지 아
니하며 거짓을 말하지 아니하며 입에
거짓된 혀가 없으며 먹고 누울지라도
그들을 두렵게 할 자가 없으리라

기뻐하며 부를 노래

14 ○ 시온의 딸아 노래할지어다 이스라
엘아 기쁘게 부를지어다 예루살렘 딸
아 전심으로 기뻐하며 즐거워할지
어다
15 여호와가 네 형벌을 제거하였고 네
원수를 쫓아냈으며 이스라엘 왕 여호
와가 네 가운데 계시니 네가 다시는
화를 당할까 두려워하지 아니할 것
이라
16 그 날에 사람이 예루살렘에 이르기를
두려워하지 말라 시온아 네 손을 늘
어뜨리지 말라
17 너의 하나님 여호와가 너의 가운데에
계시니 그는 구원을 베푸실 전능자이
시라 그가 너로 말미암아 기쁨을 이
기지 못하시며 너를 잠잠히 사랑하시
며 너로 말미암아 즐거이 부르며 기
뻐하시리라 하리라
18 내가 절기로 말미암아 근심하는 자들
을 모으리니 그들은 네게 속한 자라

13】

14】

15】

16】

17】

18】

그들에게 지워진 짐이 치욕이 되었느
니라
19 그 때에 내가 너를 괴롭게 하는 자를
다 벌하고 저는 자를 구원하며 쫓겨난
자를 모으며 온 세상에서 수욕 받는
자에게 칭찬과 명성을 얻게 하리라
20 내가 그 때에 너희를 이끌고 그 때에
너희를 모을지라 내가 너희 목전에서
너희의 사로잡힘을 돌이킬 때에 너희
에게 천하 만민 가운데서 명성과 칭찬
을 얻게 하리라 여호와의 말이니라

19】

20】

학개
(1-2장)

성전을 건축하라는 여호와의 말씀

1
1 다리오 왕 제이년 여섯째 달 곧 그
달 초하루에 여호와의 말씀이 선
지자 학개로 말미암아 스알디엘의 아
들 유다 총독 스룹바벨과 여호사닥의
아들 대제사장 여호수아에게 임하니
라 이르시되
2 만군의 여호와가 이같이 말하여 이르
노라 이 백성이 말하기를 여호와의 전
을 건축할 시기가 이르지 아니하였다
하느니라

1】

2】

3 여호와의 말씀이 선지자 학개에게 임
하여 이르시되
4 이 성전이 황폐하였거늘 너희가 이
때에 판벽한 집에 거주하는 것이 옳
으냐
5 그러므로 이제 만군의 여호와가 이
같이 말하노니 너희는 너희의 행위를
살필지니라
6 너희가 많이 뿌릴지라도 수확이 적으
며 먹을지라도 배부르지 못하며 마실
지라도 흡족하지 못하며 입어도 따뜻
하지 못하며 일꾼이 삯을 받아도 그
것을 구멍 뚫어진 전대에 넣음이 되
느니라
7 ○ 만군의 여호와가 말하노니 너희는
자기의 행위를 살필지니라
8 너희는 산에 올라가서 나무를 가져
다가 성전을 건축하라 그리하면 내
가 그것으로 말미암아 기뻐하고 또
영광을 얻으리라 여호와가 말하였느
니라
9 너희가 많은 것을 바랐으나 도리어
적었고 너희가 그것을 집으로 가져
갔으나 내가 불어 버렸느니라 나 만
군의 여호와가 말하노라 이것이 무슨
까닭이냐 내 집은 황폐하였으되 너희
는 각각 자기의 집을 짓기 위하여 빨

3】

4】

5】

6】

7】

8】

9】

랐음이라
10 그러므로 너희로 말미암아 하늘은 이
슬을 그쳤고 땅은 산물을 그쳤으며
11 내가 이 땅과 산과 곡물과 새 포도주
와 기름과 땅의 모든 소산과 사람과
가축과 손으로 수고하는 모든 일에
한재를 들게 하였느니라

성전 건축을 격려하다

12 ○ 스알디엘의 아들 스룹바벨과 여호
사닥의 아들 대제사장 여호수아와 남
은 모든 백성이 그들의 하나님 여호
와의 목소리와 선지자 학개의 말을
들었으니 이는 그들의 하나님 여호
와께서 그를 보내셨음이라 백성이 다
여호와를 경외하매
13 그 때에 여호와의 사자 학개가 여호
와의 위임을 받아 백성에게 말하여
이르되 여호와가 말하노니 내가 너희
와 함께 하노라 하니라
14 여호와께서 스알디엘의 아들 유다 총
독 스룹바벨의 마음과 여호사닥의 아
들 대제사장 여호수아의 마음과 남은
모든 백성의 마음을 감동시키시매 그
들이 와서 만군의 여호와 그들의 하
나님의 전 공사를 하였으니
15 그 때는 다리오 왕 제이년 여섯째 달
이십사일이었더라

10】

11】

12】

13】

14】

15】

2

1 일곱째 달 곧 그 달 이십일일에 여
호와의 말씀이 선지자 학개에게 임
하니라 이르시되
2 너는 스알디엘의 아들 유다 총독 스
룹바벨과 여호사닥의 아들 대제사장
여호수아와 남은 백성에게 말하여 이
르라
3 너희 가운데에 남아 있는 자 중에서
이 성전의 이전 영광을 본 자가 누구
냐 이제 이것이 너희에게 어떻게 보
이느냐 이것이 너희 눈에 보잘것없지
아니하냐
4 그러나 여호와가 이르노라 스룹바벨
아 스스로 굳세게 할지어다 여호사닥
의 아들 대제사장 여호수아야 스스로
굳세게 할지어다 여호와의 말이니라
이 땅 모든 백성아 스스로 굳세게 하
여 일할지어다 내가 너희와 함께 하
노라 만군의 여호와의 말이니라
5 너희가 애굽에서 나올 때에 내가 너
희와 언약한 말과 나의 영이 계속하
여 너희 가운데에 머물러 있나니 너
희는 두려워하지 말지어다
6 만군의 여호와가 이같이 말하노라 조
금 있으면 내가 하늘과 땅과 바다와
육지를 진동시킬 것이요
7 또한 모든 나라를 진동시킬 것이며

1】

2】

3】

4】

5】

6】

7】

모든 나라의 보배가 이르리니 내가
이 성전에 영광이 충만하게 하리라
만군의 여호와의 말이니라
8 은도 내 것이요 금도 내 것이니라 만
군의 여호와의 말이니라
9 이 성전의 나중 영광이 이전 영광보
다 크리라 만군의 여호와의 말이니라
내가 이 곳에 평강을 주리라 만군의
여호와의 말이니라
10 ○ 다리오 왕 제이년 아홉째 달 이십
사일에 여호와의 말씀이 선지자 학개
에게 임하니라 이르시되
11 만군의 여호와가 말하노니 너는 제사
장에게 율법에 대하여 물어 이르기를
12 사람이 옷자락에 거룩한 고기를 쌌는
데 그 옷자락이 만일 떡에나 국에나
포도주에나 기름에나 다른 음식물에
닿았으면 그것이 성물이 되겠느냐 하
라 학개가 물으매 제사장들이 대답하
여 이르되 아니니라 하는지라
13 학개가 이르되 시체를 만져서 부정하
여진 자가 만일 그것들 가운데 하나
를 만지면 그것이 부정하겠느냐 하니
제사장들이 대답하여 이르되 부정하
리라 하더라
14 이에 학개가 대답하여 이르되 여호와
의 말씀에 내 앞에서 이 백성이 그러

8】
9】
10】
11】
12】
13】
14】

하고 이 나라가 그러하고 그들의 손
의 모든 일도 그러하고 그들이 거기
에서 드리는 것도 부정하니라
15 이제 원하건대 너희는 오늘부터 이전
곧 여호와의 전에 돌이 돌 위에 놓이
지 아니하였던 때를 기억하라
16 그 때에는 이십 고르 곡식 더미에 이
른즉 십 고르뿐이었고 포도즙 틀에
오십 고르를 길으러 이른즉 이십 고
르뿐이었었느니라
17 만군의 여호와가 말하노라 내가 너희
손으로 지은 모든 일에 곡식을 마르
게 하는 재앙과 깜부기 재앙과 우박
으로 쳤으나 너희가 내게로 돌이키지
아니하였느니라
18 너희는 오늘 이전을 기억하라 아홉째
달 이십사일 곧 여호와의 성전 지대
를 쌓던 날부터 기억하여 보라
19 곡식 종자가 아직도 창고에 있느냐
포도나무, 무화과나무, 석류나무, 감
람나무에 열매가 맺지 못하였느니라
그러나 오늘부터는 내가 너희에게 복
을 주리라
20 ○ 그 달 이십사일에 여호와의 말씀이
다시 학개에게 임하니라 이르시되
21 너는 유다 총독 스룹바벨에게 말하
여 이르라 내가 하늘과 땅을 진동시

15】

16】

17】

18】

19】

20】

21】

킬 것이요
22 여러 왕국들의 보좌를 엎을 것이요
여러 나라의 세력을 멸할 것이요 그
병거들과 그 탄 자를 엎드러뜨리리니
말과 그 탄 자가 각각 그의 동료의 칼
에 엎드러지리라
23 만군의 여호와가 말하노라 스알디엘
의 아들 내 종 스룹바벨아 여호와가
말하노라 그 날에 내가 너를 세우고
너를 인장으로 삼으리니 이는 내가
너를 택하였음이니라 만군의 여호와
의 말이니라 하시니라

22】

23】

스가랴

(1-14장)

악한 길에서 돌아오라고 명령하시다

1

1 다리오 왕 제이년 여덟째 달에 여
호와의 말씀이 잇도의 손자 베레
갸의 아들 선지자 스가랴에게 임하니
라 이르시되
2 여호와가 너희의 조상들에게 심히 진
노하였느니라
3 그러므로 너는 그들에게 말하기를 만
군의 여호와께서 이처럼 이르시되 너
희는 내게로 돌아오라 만군의 여호와

1】

2】

3】

의 말이니라 그리하면 내가 너희에게
로 돌아가리라 만군의 여호와의 말이
니라
4 너희 조상들을 본받지 말라 옛적 선
지자들이 그들에게 외쳐 이르되 만군
의 여호와께서 이같이 말씀하시기를
너희가 악한 길, 악한 행위를 떠나서
돌아오라 하셨다 하나 그들이 듣지
아니하고 내게 귀를 기울이지 아니하
였느니라 여호와의 말이니라
5 너희 조상들이 어디 있느냐 또 선지
자들이 영원히 살겠느냐
6 내가 나의 종 선지자들에게 명령한
내 말과 내 법도들이 어찌 너희 조상
들에게 임하지 아니하였느냐 그러므
로 그들이 돌이켜 이르기를 만군의 여
호와께서 우리 길대로, 우리 행위대로
우리에게 행하시려고 뜻하신 것을 우
리에게 행하셨도다 하였느니라

화석류나무 사이에 선 자

7 ○ 다리오 왕 제이년 열한째 달 곧 스
밧월 이십사일에 잇도의 손자 베레갸
의 아들 선지자 스가랴에게 여호와의
말씀이 임하니라
8 내가 밤에 보니 한 사람이 붉은 말을
타고 골짜기 속 화석류나무 사이에
섰고 그 뒤에는 붉은 말과 자줏빛 말

4】

5】

6】

7】

8】

과 백마가 있기로
9 내가 말하되 내 주여 이들이 무엇이
니이까 하니 내게 말하는 천사가 내
게 이르되 이들이 무엇인지 내가 네
게 보이리라 하니
10 화석류나무 사이에 선 자가 대답하여
이르되 이는 여호와께서 땅에 두루
다니라고 보내신 자들이니라
11 그들이 화석류나무 사이에 선 여호와
의 천사에게 말하되 우리가 땅에 두
루 다녀 보니 온 땅이 평안하고 조용
하더이다 하더라
12 여호와의 천사가 대답하여 이르되 만
군의 여호와여 여호와께서 언제까지
예루살렘과 유다 성읍들을 불쌍히 여
기지 아니하시려 하나이까 이를 노하
신 지 칠십 년이 되었나이다 하매
13 여호와께서 내게 말하는 천사에게 선
한 말씀, 위로하는 말씀으로 대답하
시더라
14 내게 말하는 천사가 내게 이르되 너
는 외쳐 이르기를 만군의 여호와의
말씀에 내가 예루살렘을 위하며 시온
을 위하여 크게 질투하며
15 안일한 여러 나라들 때문에 심히 진
노하나니 나는 조금 노하였거늘 그들
은 힘을 내어 고난을 더하였음이라

9】

10】

11】

12】

13】

14】

15】

16 그러므로 여호와가 이처럼 말하노라
내가 불쌍히 여기므로 예루살렘에 돌
아왔은즉 내 집이 그 가운데에 건축
되리니 예루살렘 위에 먹줄이 쳐지리
라 만군의 여호와의 말이니라
17 그가 다시 외쳐 이르기를 만군의 여
호와의 말씀에 나의 성읍들이 넘치도
록 다시 풍부할 것이라 여호와가 다
시 시온을 위로하며 다시 예루살렘을
택하리라 하라 하니라

네 뿔과 대장장이 네 명

18 ○ 내가 눈을 들어 본즉 네 개의 뿔이
보이기로
19 이에 내게 말하는 천사에게 묻되 이
들이 무엇이니이까 하니 내게 대답하
되 이들은 유다와 이스라엘과 예루살
렘을 흩뜨린 뿔이니라
20 그 때에 여호와께서 대장장이 네 명
을 내게 보이시기로
21 내가 말하되 그들이 무엇하러 왔나이
까 하니 대답하여 이르시되 그 뿔들이
유다를 흩뜨려서 사람들이 능히 머리
를 들지 못하게 하니 이 대장장이들
이 와서 그것들을 두렵게 하고 이전
의 뿔들을 들어 유다 땅을 흩뜨린 여
러 나라의 뿔들을 떨어뜨리려 하느니
라 하시더라

16】

17】

18】

19】

20】

21】

측량줄을 잡은 사람

2

1 내가 또 눈을 들어 본즉 한 사람이
측량줄을 그의 손에 잡았기로
2 네가 어디로 가느냐 물은즉 그가 내게
대답하되 예루살렘을 측량하여 그 너
비와 길이를 보고자 하노라 하고 말
할 때에
3 내게 말하는 천사가 나가고 다른 천사
가 나와서 그를 맞으며
4 이르되 너는 달려가서 그 소년에게 말
하여 이르기를 예루살렘은 그 가운데
사람과 가축이 많으므로 성곽 없는 성
읍이 될 것이라 하라
5 여호와의 말씀에 내가 불로 둘러싼 성
곽이 되며 그 가운데에서 영광이 되
리라
6 ○ 오호라 너희는 북방 땅에서 도피할
지어다 여호와의 말씀이니라 이는 내
가 너희를 하늘 사방에 바람 같이 흩
어지게 하였음이니라 여호와의 말씀
이니라
7 바벨론 성에 거주하는 시온아 이제 너
는 피할지니라
8 만군의 여호와께서 이같이 말씀하시
되 영광을 위하여 나를 너희를 노략한
여러 나라로 보내셨나니 너희를 범하
는 자는 그의 눈동자를 범하는 것이라

1】

2】

3】

4】

5】

6】

7】

8】

9 내가 손을 그들 위에 움직인즉 그들
이 자기를 섬기던 자들에게 노략거리
가 되리라 하셨나니 너희가 만군의
여호와께서 나를 보내신 줄 알리라
10 여호와의 말씀에 시온의 딸아 노래하
고 기뻐하라 이는 내가 와서 네 가운
데에 머물 것임이라
11 그 날에 많은 나라가 여호와께 속하
여 내 백성이 될 것이요 나는 네 가운
데에 머물리라 네가 만군의 여호와께
서 나를 네게 보내신 줄 알리라
12 여호와께서 장차 유다를 거룩한 땅에
서 자기 소유를 삼으시고 다시 예루
살렘을 택하시리니
13 모든 육체가 여호와 앞에서 잠잠할
것은 여호와께서 그의 거룩한 처소에
서 일어나심이니라 하라 하더라

9】

10】

11】

12】

13】

여호와의 천사 앞에 선 여호수아

3 1 대제사장 여호수아는 여호와의 천
사 앞에 섰고 사탄은 그의 오른쪽
에 서서 그를 대적하는 것을 여호와
께서 내게 보이시니라
2 여호와께서 사탄에게 이르시되 사탄
아 여호와께서 너를 책망하노라 예루
살렘을 택한 여호와께서 너를 책망하
노라 이는 불에서 꺼낸 그슬린 나무

1】

2】

년 월 일

가 아니냐 하실 때에
3 여호수아가 더러운 옷을 입고 천사
앞에 서 있는지라
4 여호와께서 자기 앞에 선 자들에게
명령하사 그 더러운 옷을 벗기라 하
시고 또 여호수아에게 이르시되 내가
네 죄악을 제거하여 버렸으니 네게
아름다운 옷을 입히리라 하시기로
5 내가 말하되 정결한 관을 그의 머리
에 씌우소서 하매 곧 정결한 관을 그
머리에 씌우며 옷을 입히고 여호와의
천사는 곁에 섰더라
6 ○ 여호와의 천사가 여호수아에게 증
언하여 이르되
7 만군의 여호와의 말씀에 네가 만일
내 도를 행하며 내 규례를 지키면 네
가 내 집을 다스릴 것이요 내 뜰을 지
킬 것이며 내가 또 너로 여기 섰는 자
들 가운데에 왕래하게 하리라
8 대제사장 여호수아야 너와 네 앞에
앉은 네 동료들은 내 말을 들을 것이
니라 이들은 예표의 사람들이라 내가
내 종 싹을 나게 하리라
9 만군의 여호와가 말하노라 내가 너
여호수아 앞에 세운 돌을 보라 한 돌
에 일곱 눈이 있느니라 내가 거기에
새길 것을 새기며 이 땅의 죄악을 하

3】

4】

5】

6】

7】

8】

9】

루에 제거하리라
10 만군의 여호와가 말하노라 그 날에
너희가 각각 포도나무와 무화과나무
아래로 서로 초대하리라 하셨느니라

10】

순금 등잔대와 두 감람나무

4

1 내게 말하던 천사가 다시 와서 나를
깨우니 마치 자는 사람이 잠에서
깨어난 것 같더라
2 그가 내게 묻되 네가 무엇을 보느냐
내가 대답하되 내가 보니 순금 등잔
대가 있는데 그 위에는 기름 그릇이
있고 또 그 기름 그릇 위에 일곱 등잔
이 있으며 그 기름 그릇 위에 있는 등
잔을 위해서 일곱 관이 있고
3 그 등잔대 곁에 두 감람나무가 있는
데 하나는 그 기름 그릇 오른쪽에 있
고 하나는 그 왼쪽에 있나이다 하고
4 내게 말하는 천사에게 물어 이르되 내
주여 이것들이 무엇이니이까 하니
5 내게 말하는 천사가 대답하여 이르되
네가 이것들이 무엇인지 알지 못하느
냐 하므로 내가 대답하되 내 주여 내
가 알지 못하나이다 하니
6 그가 내게 대답하여 이르되 여호와께
서 스룹바벨에게 하신 말씀이 이러하
니라 만군의 여호와께서 말씀하시되

1】

2】

3】

4】

5】

6】

이는 힘으로 되지 아니하며 능력으로
되지 아니하고 오직 나의 영으로 되
느니라
7 큰 산아 네가 무엇이냐 네가 스룹바벨
앞에서 평지가 되리라 그가 머릿돌을
내놓을 때에 무리가 외치기를 은총, 은
총이 그에게 있을지어다 하리라 하셨고
8 여호와의 말씀이 또 내게 임하여 이
르시되
9 스룹바벨의 손이 이 성전의 기초를
놓았은즉 그의 손이 또한 그 일을 마
치리라 하셨나니 만군의 여호와께서
나를 너희에게 보내신 줄을 네가 알
리라 하셨느니라
10 작은 일의 날이라고 멸시하는 자가 누
구냐 사람들이 스룹바벨의 손에 다림
줄이 있음을 보고 기뻐하리라 이 일
곱은 온 세상에 두루 다니는 여호와
의 눈이라 하니라
11 ○ 내가 그에게 물어 이르되 등잔대
좌우의 두 감람나무는 무슨 뜻이니이
까 하고
12 다시 그에게 물어 이르되 금 기름을
흘리는 두 금관 옆에 있는 이 감람나
무 두 가지는 무슨 뜻이니이까 하니
13 그가 내게 대답하여 이르되 네가 이
것이 무엇인지 알지 못하느냐 하는지

7】

8】

9】

10】

11】

12】

13】

라 내가 대답하되 내 주여 알지 못하
나이다 하니
14 이르되 이는 기름 부음 받은 자 둘이
니 온 세상의 주 앞에 서 있는 자니라
하더라

14】

날아가는 두루마리

5 1 내가 다시 눈을 들어 본즉 날아가는
두루마리가 있더라
2 그가 내게 묻되 네가 무엇을 보느냐
하기로 내가 대답하되 날아가는 두루
마리를 보나이다 그 길이가 이십 규
빗이요 너비가 십 규빗이니이다
3 그가 내게 이르되 이는 온 땅 위에 내
리는 저주라 도둑질하는 자는 그 이
쪽 글대로 끊어지고 맹세하는 자는
그 저쪽 글대로 끊어지리라 하니
4 만군의 여호와께서 이르시되 내가 이
것을 보냈나니 도둑의 집에도 들어가
며 내 이름을 가리켜 망령되이 맹세
하는 자의 집에도 들어가서 그의 집
에 머무르며 그 집을 나무와 돌과 아
울러 사르리라 하셨느니라 하니라

에바 속의 여인

5 ○ 내게 말하던 천사가 나아와서 내
게 이르되 너는 눈을 들어 나오는 이
것이 무엇인가 보라 하기로

1】
2】
3】
4】
5】

6 내가 묻되 이것이 무엇이니이까 하니
그가 이르되 나오는 이것이 에바이니
라 하시고 또 이르되 온 땅에서 그들
의 모양이 이러하니라
7 이 에바 가운데에는 한 여인이 앉았
느니라 하니 그 때에 둥근 납 한 조각
이 들리더라
8 그가 이르되 이는 악이라 하고 그 여
인을 에바 속으로 던져 넣고 납 조각
을 에바 아귀 위에 던져 덮더라
9 내가 또 눈을 들어 본즉 두 여인이 나
오는데 학의 날개 같은 날개가 있고
그 날개에 바람이 있더라 그들이 그
에바를 천지 사이에 들었기로
10 내가 내게 말하는 천사에게 묻되 그들
이 에바를 어디로 옮겨 가나이까 하니
11 그가 내게 이르되 그들이 시날 땅으
로 가서 그것을 위하여 집을 지으려
함이니라 준공되면 그것이 제 처소에
머물게 되리라 하더라

6】

7】

8】

9】

10】

11】

네 병거

6

1 내가 또 눈을 들어 본즉 네 병거가
두 산 사이에서 나오는데 그 산은
구리 산이더라
2 첫째 병거는 붉은 말들이, 둘째 병거
는 검은 말들이,

1】

2】

3 셋째 병거는 흰 말들이, 넷째 병거는
어룽지고 건장한 말들이 메었는지라
4 내가 내게 말하는 천사에게 물어 이르되
내 주여 이것들이 무엇이니이까 하니
5 천사가 대답하여 이르되 이는 하늘의
네 바람인데 온 세상의 주 앞에 서 있
다가 나가는 것이라 하더라
6 검은 말은 북쪽 땅으로 나가고 흰 말
은 그 뒤를 따르고 어룽진 말은 남쪽
땅으로 나가고
7 건장한 말은 나가서 땅에 두루 다니
고자 하니 그가 이르되 너희는 여기
서 나가서 땅에 두루 다니라 하매 곧
땅에 두루 다니더라
8 그가 내게 외쳐 말하여 이르되 북쪽
으로 나간 자들이 북쪽에서 내 영을
쉬게 하였느니라 하더라

면류관을 여호수아의 머리에 씌우다

9 ○ 여호와의 말씀이 내게 임하여 이
르시되
10 사로잡힌 자 가운데 바벨론에서부터
돌아온 헬대와 도비야와 여다야가 스
바냐의 아들 요시아의 집에 들어갔나
니 너는 이 날에 그 집에 들어가서 그
들에게서 받되
11 은과 금을 받아 면류관을 만들어 여
호사닥의 아들 대제사장 여호수아의

3】
4】
5】
6】
7】
8】
9】
10】
11】

년 월 일

머리에 씌우고
12 말하여 이르기를 만군의 여호와께서
이같이 말씀하시되 보라 싹이라 이름
하는 사람이 자기 곳에서 돋아나서
여호와의 전을 건축하리라
13 그가 여호와의 전을 건축하고 영광도
얻고 그 자리에 앉아서 다스릴 것이
요 또 제사장이 자기 자리에 있으리
니 이 둘 사이에 평화의 의논이 있으
리라 하셨다 하고
14 그 면류관은 헬렘과 도비야와 여다야
와 스바냐의 아들 헨을 기념하기 위하
여 여호와의 전 안에 두라 하시니라
15 먼 데 사람들이 와서 여호와의 전을
건축하리니 만군의 여호와께서 나를
너희에게 보내신 줄을 너희가 알리라
너희가 만일 너희의 하나님 여호와의
말씀을 들을진대 이같이 되리라

12】

13】

14】

15】

여호와께서는 금식보다 청종을 원하신다

7 1 다리오 왕 제사년 아홉째 달 곧 기
슬래월 사일에 여호와의 말씀이
스가랴에게 임하니라
2 그 때에 벧엘 사람이 사레셀과 레겜
멜렉과 그의 부하들을 보내어 여호와
께 은혜를 구하고
3 만군의 여호와의 전에 있는 제사장

1】

2】

3】

들과 선지자들에게 물어 이르되 내가
여러 해 동안 행한 대로 오월 중에 울
며 근신하리이까 하매
4 만군의 여호와의 말씀이 내게 임하여
이르시되
5 온 땅의 백성과 제사장들에게 이르라
너희가 칠십 년 동안 다섯째 달과 일
곱째 달에 금식하고 애통하였거니와
그 금식이 나를 위하여, 나를 위하여
한 것이냐
6 너희가 먹고 마실 때에 그것은 너희
를 위하여 먹고 너희를 위하여 마시
는 것이 아니냐
7 예루살렘과 사면 성읍에 백성이 평
온히 거주하며 남방과 평원에 사람이
거주할 때에 여호와가 옛 선지자들을
통하여 외친 말씀이 있지 않으냐 하
시니라

사로잡혀 가는 까닭

8 ○ 여호와의 말씀이 스가랴에게 임하
여 이르시되
9 만군의 여호와가 이같이 말하여 이르
시기를 너희는 진실한 재판을 행하며
서로 인애와 긍휼을 베풀며
10 과부와 고아와 나그네와 궁핍한 자를
압제하지 말며 서로 해하려고 마음에
도모하지 말라 하였으나

4】

5】

6】

7】

8】

9】

10】

11 그들이 듣기를 싫어하여 등을 돌리며
듣지 아니하려고 귀를 막으며
12 그 마음을 금강석 같게 하여 율법과
만군의 여호와가 그의 영으로 옛 선
지자들을 통하여 전한 말을 듣지 아
니하므로 큰 진노가 만군의 여호와께
로부터 나왔도다
13 내가 불러도 그들이 듣지 아니한 것처
럼 그들이 불러도 내가 듣지 아니하리
라 만군의 여호와가 말하였느니라
14 내가 그들을 바람으로 불어 알지 못
하던 여러 나라에 흩었느니라 그 후
에 이 땅이 황폐하여 오고 가는 사람
이 없었나니 이는 그들이 아름다운 땅
을 황폐하게 하였음이니라 하시니라

예루살렘 회복에 대한 약속

8
1 만군의 여호와의 말씀이 임하여
이르시되
2 만군의 여호와가 이같이 말하노라 내
가 시온을 위하여 크게 질투하며 그를
위하여 크게 분노함으로 질투하노라
3 여호와가 이같이 말하노라 내가 시온
에 돌아와 예루살렘 가운데에 거하리
니 예루살렘은 진리의 성읍이라 일컫
겠고 만군의 여호와의 산은 성산이라
일컫게 되리라

4 만군의 여호와가 이같이 말하노라 예
루살렘 길거리에 늙은 남자들과 늙은
여자들이 다시 앉을 것이라 다 나이
가 많으므로 저마다 손에 지팡이를
잡을 것이요
5 그 성읍 거리에 소년과 소녀들이 가
득하여 거기에서 뛰놀리라
6 만군의 여호와가 이같이 말하노라 이
일이 그 날에 남은 백성의 눈에는 기
이하려니와 내 눈에야 어찌 기이하겠
느냐 만군의 여호와의 말이니라
7 만군의 여호와가 이같이 말하노라 보
라, 내가 내 백성을 해가 뜨는 땅과 해
가 지는 땅에서부터 구원하여 내고
8 인도하여다가 예루살렘 가운데에 거
주하게 하리니 그들은 내 백성이 되
고 나는 진리와 공의로 그들의 하나
님이 되리라
9 ○ 만군의 여호와가 이같이 말하노라
만군의 여호와의 집 곧 성전을 건축
하려고 그 지대를 쌓던 날에 있었던
선지자들의 입의 말을 이 날에 듣는
너희는 손을 견고히 할지어다
10 이 날 전에는 사람도 삯을 얻지 못하
였고 짐승도 삯을 받지 못하였으며
사람이 원수로 말미암아 평안히 출
입하지 못하였으나 내가 모든 사람을

4】

5】

6】

7】

8】

9】

10】

풀어 서로 치게 하였느니라
11 만군의 여호와의 말씀이니라 이제는
내가 이 남은 백성을 대하기를 옛날
과 같이 아니할 것인즉
12 곧 평강의 씨앗을 얻을 것이라 포도
나무가 열매를 맺으며 땅이 산물을
내며 하늘은 이슬을 내리리니 내가
이 남은 백성으로 이 모든 것을 누리
게 하리라
13 유다 족속아, 이스라엘 족속아, 너희
가 이방인 가운데에서 저주가 되었었
으나 이제는 내가 너희를 구원하여
너희가 복이 되게 하리니 두려워하지
말지니라 손을 견고히 할지니라
14 ○ 만군의 여호와가 이같이 말하노라
너희 조상들이 나를 격노하게 하였을
때에 내가 그들에게 재앙을 내리기로
뜻하고 뉘우치지 아니하였으나
15 이제 내가 다시 예루살렘과 유다 족
속에게 은혜를 베풀기로 뜻하였나니
너희는 두려워하지 말지니라
16 너희가 행할 일은 이러하니라 너희는
이웃과 더불어 진리를 말하며 너희
성문에서 진실하고 화평한 재판을 베
풀고
17 마음에 서로 해하기를 도모하지 말며
거짓 맹세를 좋아하지 말라 이 모든

11】

12】

13】

14】

15】

16】

17】

년 월 일

일은 내가 미워하는 것이니라 여호와
의 말이니라

금식에 관하여 말씀하시다

18 ○ 만군의 여호와의 말씀이 내게 임
하여 이르시되
19 만군의 여호와가 이같이 말하노라 넷
째 달의 금식과 다섯째 달의 금식과
일곱째 달의 금식과 열째 달의 금식
이 변하여 유다 족속에게 기쁨과 즐
거움과 희락의 절기들이 되리니 오직
너희는 진리와 화평을 사랑할지니라
20 만군의 여호와가 이와 같이 말하노라
다시 여러 백성과 많은 성읍의 주민
이 올 것이라
21 이 성읍 주민이 저 성읍에 가서 이르
기를 우리가 속히 가서 만군의 여호
와를 찾고 여호와께 은혜를 구하자
하면 나도 가겠노라 하겠으며
22 많은 백성과 강대한 나라들이 예루
살렘으로 와서 만군의 여호와를 찾고
여호와께 은혜를 구하리라
23 만군의 여호와가 이와 같이 말하노라
그 날에는 말이 다른 이방 백성 열 명
이 유다 사람 하나의 옷자락을 잡을 것
이라 곧 잡고 말하기를 하나님이 너희
와 함께 하심을 들었나니 우리가 너희
와 함께 가려 하노라 하리라 하시니라

18】

19】

20】

21】

22】

23】

년 월 일

이스라엘 이웃 나라들에 대한 하나님의 말씀

9 1 여호와의 말씀이 하드락 땅에 내
리며 다메섹에 머물리니 사람들과
이스라엘 모든 지파의 눈이 여호와를
우러러봄이니라
2 그 접경한 하맛에도 임하겠고 두로와
시돈에도 임하리니 그들이 매우 지혜
로움이니라
3 두로는 자기를 위하여 요새를 건축하
며 은을 티끌 같이, 금을 거리의 진흙
같이 쌓았도다
4 주께서 그를 정복하시며 그의 권세를
바다에 쳐넣으시리니 그가 불에 삼켜
질지라
5 아스글론이 보고 무서워하며 가사도
심히 아파할 것이며 에그론은 그 소
망이 수치가 되므로 역시 그러하리라
가사에는 임금이 끊어질 것이며 아스
글론에는 주민이 없을 것이며
6 아스돗에는 잡족이 거주하리라 내가
블레셋 사람의 교만을 끊고
7 그의 입에서 그의 피를, 그의 잇사이
에서 그 가증한 것을 제거하리니 그들
도 남아서 우리 하나님께로 돌아와서
유다의 한 지도자 같이 되겠고 에그론
은 여부스 사람 같이 되리라
8 ○ 내가 내 집을 둘러 진을 쳐서 적군

1】

2】

3】

4】

5】

6】

7】

8】

을 막아 거기 왕래하지 못하게 할 것
이라 포학한 자가 다시는 그 지경으
로 지나가지 못하리니 이는 내가 눈
으로 친히 봄이니라

구원을 베풀 왕

9 ○ 시온의 딸아 크게 기뻐할지어다 9】
예루살렘의 딸아 즐거이 부를지어다
보라 네 왕이 네게 임하시나니 그는
공의로우시며 구원을 베푸시며 겸손
하여서 나귀를 타시나니 나귀의 작은
것 곧 나귀 새끼니라
10 내가 에브라임의 병거와 예루살렘의 10】
말을 끊겠고 전쟁하는 활도 끊으리니
그가 이방 사람에게 화평을 전할 것
이요 그의 통치는 바다에서 바다까지
이르고 유브라데 강에서 땅 끝까지 이
르리라
11 ○ 또 너로 말할진대 네 언약의 피로 11】
말미암아 내가 네 갇힌 자들을 물 없
는 구덩이에서 놓았나니
12 갇혀 있으나 소망을 품은 자들아 너 12】
희는 요새로 돌아올지니라 내가 오늘
도 이르노라 내가 네게 갑절이나 갚
을 것이라
13 내가 유다를 당긴 활로 삼고 에브라 13】
임을 끼운 화살로 삼았으니 시온아
내가 네 자식들을 일으켜 헬라 자식

들을 치게 하며 너를 용사의 칼과 같
게 하리라
14 여호와께서 그들 위에 나타나서 그들
의 화살을 번개 같이 쏘아내실 것이며
주 여호와께서 나팔을 불게 하시며 남
방 회오리바람을 타고 가실 것이라
15 만군의 여호와께서 그들을 호위하시
리니 그들이 원수를 삼키며 물맷돌을
밟을 것이며 그들이 피를 마시고 즐
거이 부르기를 술취한 것 같이 할 것
인즉 피가 가득한 동이와도 같고 피
묻은 제단 모퉁이와도 같을 것이라
16 이 날에 그들의 하나님 여호와께서 그
들을 자기 백성의 양 떼 같이 구원하
시리니 그들이 왕관의 보석 같이 여
호와의 땅에 빛나리로다
17 그의 형통함과 그의 아름다움이 어찌
그리 큰지 곡식은 청년을, 새 포도주
는 처녀를 강건하게 하리라

14】

15】

16】

17】

여호와께서 구원을 약속하시다

10

1 봄비가 올 때에 여호와 곧 구름을
일게 하시는 여호와께 비를 구하라
무리에게 소낙비를 내려서 밭의 채소
를 각 사람에게 주시리라
2 드라빔들은 허탄한 것을 말하며 복술
자는 진실하지 않은 것을 보고 거짓

1】

2】

꿈을 말한즉 그 위로가 헛되므로 백
성들이 양 같이 유리하며 목자가 없
으므로 곤고를 당하나니
3 내가 목자들에게 노를 발하며 내가
숫염소들을 벌하리라 만군의 여호와
가 그 무리 곧 유다 족속을 돌보아
그들을 전쟁의 준마와 같게 하리니
4 모퉁잇돌이 그에게서, 말뚝이 그에게
서, 싸우는 활이 그에게서, 권세 잡은
자가 다 일제히 그에게서 나와서
5 싸울 때에 용사 같이 거리의 진흙 중
에 원수를 밟을 것이라 여호와가 그
들과 함께 한즉 그들이 싸워 말 탄 자
들을 부끄럽게 하리라
6 내가 유다 족속을 견고하게 하며 요
셉 족속을 구원할지라 내가 그들을
긍휼히 여김으로 그들이 돌아오게 하
리니 그들은 내가 내버린 일이 없었
음 같이 되리라 나는 그들의 하나님
여호와라 내가 그들에게 들으리라
7 에브라임이 용사 같아서 포도주를 마
심 같이 마음이 즐거울 것이요 그들
의 자손은 보고 기뻐하며 여호와로
말미암아 마음에 즐거워하리라
8 ○ 내가 그들을 향하여 휘파람을 불
어 그들을 모을 것은 내가 그들을 구
속하였음이라 그들이 전에 번성하던

3】

4】

5】

6】

7】

8】

것 같이 번성하리라
9 내가 그들을 여러 백성들 가운데 흩
으려니와 그들이 먼 곳에서 나를 기
억하고 그들이 살아서 그들의 자녀들
과 함께 돌아올지라
10 내가 그들을 애굽 땅에서 돌아오게
하며 그들을 앗수르에서부터 모으며
길르앗 땅과 레바논으로 그들을 이끌
어 가리니 그들이 거할 곳이 부족하
리라
11 내가 그들이 고난의 바다를 지나갈
때에 바다 물결을 치리니 나일의 깊
은 곳이 다 마르겠고 앗수르의 교만
이 낮아지겠고 애굽의 규가 없어지
리라
12 내가 그들로 나 여호와를 의지하여
견고하게 하리니 그들이 내 이름으로
행하리라 나 여호와의 말이니라

9】

10】

11】

12】

요단이 자랑이 쓰러지다

11 1 레바논아 네 문을 열고 불이 네 백
향목을 사르게 하라
2 너 잣나무여 곡할지어다 백향목이 넘
어졌고 아름다운 나무들이 쓰러졌음
이로다 바산의 상수리나무들아 곡할
지어다 무성한 숲이 엎드러졌도다
3 목자들의 곡하는 소리가 남이여 그

1】

2】

3】

들의 영화로운 것이 쓰러졌음이로다
어린 사자의 부르짖는 소리가 남이
여 이는 요단의 자랑이 쓰러졌음이
로다

두 목자

4 ○ 여호와 나의 하나님이 이르시되
너는 잡혀 죽을 양 떼를 먹이라
5 사들인 자들은 그들을 잡아도 죄가 없
다 하고 판 자들은 말하기를 내가 부
요하게 되었은즉 여호와께 찬송하리
라 하고 그들의 목자들은 그들을 불
쌍히 여기지 아니하는도다
6 여호와가 말하노라 내가 다시는 이
땅 주민을 불쌍히 여기지 아니하고
그 사람들을 각각 그 이웃의 손과 임
금의 손에 넘기리니 그들이 이 땅을
칠지라도 내가 그들의 손에서 건져내
지 아니하리라 하시기로
7 내가 잡혀 죽을 양 떼를 먹이니 참으
로 가련한 양들이라 내가 막대기 둘
을 취하여 하나는 은총이라 하며 하
나는 연합이라 하고 양 떼를 먹일새
8 한 달 동안에 내가 그 세 목자를 제거
하였으니 이는 내 마음에 그들을 싫
어하였고 그들의 마음에도 나를 미워
하였음이라
9 내가 이르되 내가 너희를 먹이지 아

4】

5】

6】

7】

8】

9】

니하리라 죽는 자는 죽는 대로, 망하
는 자는 망하는 대로, 나머지는 서로
살을 먹는 대로 두리라 하고
10 이에 은총이라 하는 막대기를 취하여
꺾었으니 이는 모든 백성들과 세운
언약을 폐하려 하였음이라
11 당일에 곧 폐하매 내 말을 지키던 가
련한 양들은 이것이 여호와의 말씀이
었던 줄 안지라
12 내가 그들에게 이르되 너희가 좋게
여기거든 내 품삯을 내게 주고 그렇
지 아니하거든 그만두라 그들이 곧
은 삼십 개를 달아서 내 품삯을 삼은
지라
13 여호와께서 내게 이르시되 그들이 나
를 헤아린 바 그 삯을 토기장이에게
던지라 하시기로 내가 곧 그 은 삼십
개를 여호와의 전에서 토기장이에게
던지고
14 내가 또 연합이라 하는 둘째 막대기
를 꺾었으니 이는 유다와 이스라엘
형제의 의리를 끊으려 함이었느니라
15 ○ 여호와께서 내게 이르시되 너는
또 어리석은 목자의 기구들을 빼앗을
지니라
16 보라 내가 한 목자를 이 땅에 일으키
리니 그가 없어진 자를 마음에 두지

10】

11】

12】

13】

14】

15】

16】

아니하며 흩어진 자를 찾지 아니하
며 상한 자를 고치지 아니하며 강건
한 자를 먹이지 아니하고 오히려 살
진 자의 고기를 먹으며 또 그 굽을 찢
으리라
17 화 있을진저 양 떼를 버린 못된 목자
여 칼이 그의 팔과 오른쪽 눈에 내리
리니 그의 팔이 아주 마르고 그의 오
른쪽 눈이 아주 멀어 버릴 것이라 하
시니라

17】

예루살렘의 구원

12 1 이스라엘에 관한 여호와의 경고의
말씀이라
○ 여호와 곧 하늘을 펴시며 땅의 터를
세우시며 사람 안에 심령을 지으신
이가 이르시되
2 보라 내가 예루살렘으로 그 사면 모
든 민족에게 취하게 하는 잔이 되게
할 것이라 예루살렘이 에워싸일 때에
유다에까지 이르리라
3 그 날에는 내가 예루살렘을 모든 민
족에게 무거운 돌이 되게 하리니 그
것을 드는 모든 자는 크게 상할 것이
라 천하 만국이 그것을 치려고 모이
리라
4 여호와가 말하노라 그 날에 내가 모

1】
2】
3】
4】

든 말을 쳐서 놀라게 하며 그 탄 자
를 쳐서 미치게 하되 유다 족속은 내
가 돌보고 모든 민족의 말을 쳐서 눈
이 멀게 하리니
5 유다의 우두머리들이 마음속에 이르 5】
기를 예루살렘 주민이 그들의 하나님
만군의 여호와로 말미암아 힘을 얻었
다 할지라
6 그 날에 내가 유다 지도자들을 나무 6】
가운데에 화로 같게 하며 곡식단 사
이에 횃불 같게 하리니 그들이 그 좌
우에 에워싼 모든 민족들을 불사를
것이요 예루살렘 사람들은 다시 그
본 곳 예루살렘에 살게 되리라
7 여호와가 먼저 유다 장막을 구원하리 7】
니 이는 다윗의 집의 영광과 예루살
렘 주민의 영광이 유다보다 더하지
못하게 하려 함이니라
8 그 날에 여호와가 예루살렘 주민을 8】
보호하리니 그 중에 약한 자가 그 날
에는 다윗 같겠고 다윗의 족속은 하
나님 같고 무리 앞에 있는 여호와의
사자 같을 것이라
9 예루살렘을 치러 오는 이방 나라들을 9】
그 날에 내가 멸하기를 힘쓰리라
10 ○ 내가 다윗의 집과 예루살렘 주민에 10】
게 은총과 간구하는 심령을 부어 주리

니 그들이 그 찌른 바 그를 바라보고
그를 위하여 애통하기를 독자를 위하
여 애통하듯 하며 그를 위하여 통곡
하기를 장자를 위하여 통곡하듯 하리
로다
11 그 날에 예루살렘에 큰 애통이 있으
리니 므깃도 골짜기 하다드림몬에 있
던 애통과 같을 것이라
12 온 땅 각 족속이 따로 애통하되 다윗
의 족속이 따로 하고 그들의 아내들
이 따로 하며 나단의 족속이 따로 하
고 그들의 아내들이 따로 하며
13 레위의 족속이 따로 하고 그들의 아내
들이 따로 하며 시므이의 족속이 따로
하고 그들의 아내들이 따로 하며
14 모든 남은 족속도 각기 따로 하고 그
들의 아내들이 따로 하리라

11】

12】

13】

14】

13 1 그 날에 죄와 더러움을 씻는 샘이
다윗의 족속과 예루살렘 주민을
위하여 열리리라
2 만군의 여호와가 말하노라 그 날에
내가 우상의 이름을 이 땅에서 끊어
서 기억도 되지 못하게 할 것이며 거
짓 선지자와 더러운 귀신을 이 땅에
서 떠나게 할 것이라
3 사람이 아직도 예언할 것 같으면 그

1】

2】

3】

낳은 부모가 그에게 이르기를 네가
여호와의 이름을 빙자하여 거짓말을
하니 살지 못하리라 하고 낳은 부모
가 그가 예언할 때에 칼로 그를 찌르
리라
4 그 날에 선지자들이 예언할 때에 그
환상을 각기 부끄러워할 것이며 사람
을 속이려고 털옷도 입지 아니할 것
이며
5 말하기를 나는 선지자가 아니요 나는
농부라 내가 어려서부터 사람의 종이
되었노라 할 것이요
6 어떤 사람이 그에게 묻기를 네 두 팔
사이에 있는 상처는 어찌 됨이냐 하
면 대답하기를 이는 나의 친구의 집
에서 받은 상처라 하리라

목자를 치라는 명령

7 ○ 만군의 여호와가 말하노라 칼아 깨
어서 내 목자, 내 짝 된 자를 치라 목자
를 치면 양이 흩어지려니와 작은 자들
위에는 내가 내 손을 드리우리라
8 여호와가 말하노라 이 온 땅에서 삼
분의 이는 멸망하고 삼분의 일은 거
기 남으리니
9 내가 그 삼분의 일을 불 가운데에 던
져 은 같이 연단하며 금 같이 시험할
것이라 그들이 내 이름을 부르리니 내

4】

5】

6】

7】

8】

9】

가 들을 것이며 나는 말하기를 이는
내 백성이라 할 것이요 그들은 말하기
를 여호와는 내 하나님이시라 하리라

예루살렘과 이방 나라들

14 1 여호와의 날이 이르리라 그 날에
네 재물이 약탈되어 네 가운데 에
서 나누이리라
2 내가 이방 나라들을 모아 예루살렘과
싸우게 하리니 성읍이 함락되며 가옥
이 약탈되며 부녀가 욕을 당하며 성
읍 백성이 절반이나 사로잡혀 가려니
와 남은 백성은 성읍에서 끊어지지
아니하리라
3 그 때에 여호와께서 나가사 그 이방
나라들을 치시되 이왕의 전쟁 날에
싸운 것 같이 하시리라
4 그 날에 그의 발이 예루살렘 앞 곧 동
쪽 감람 산에 서실 것이요 감람 산은
그 한 가운데가 동서로 갈라져 매우
큰 골짜기가 되어서 산 절반은 북으
로, 절반은 남으로 옮기고
5 그 산 골짜기는 아셀까지 이를지라
너희가 그 산 골짜기로 도망하되 유
다 왕 웃시야 때에 지진을 피하여 도
망하던 것 같이 하리라 나의 하나님
여호와께서 임하실 것이요 모든 거룩

1】
2】
3】
4】
5】

한 자들이 주와 함께 하리라
6 그 날에는 빛이 없겠고 광명한 것들
이 떠날 것이라
7 여호와께서 아시는 한 날이 있으리니
낮도 아니요 밤도 아니라 어두워 갈
때에 빛이 있으리로다
8 그 날에 생수가 예루살렘에서 솟아나
서 절반은 동해로, 절반은 서해로 흐
를 것이라 여름에도 겨울에도 그러하
리라
9 ○ 여호와께서 천하의 왕이 되시리니
그 날에는 여호와께서 홀로 한 분이
실 것이요 그의 이름이 홀로 하나이
실 것이라
10 온 땅이 아라바 같이 되되 게바에서
예루살렘 남쪽 림몬까지 이를 것이며
예루살렘이 높이 들려 그 본처에 있으
리니 베냐민 문에서부터 첫 문 자리와
성 모퉁이 문까지 또 하나넬 망대에서
부터 왕의 포도주 짜는 곳까지라
11 사람이 그 가운데에 살며 다시는 저
주가 있지 아니하리니 예루살렘이 평
안히 서리로다
12 ○ 예루살렘을 친 모든 백성에게 여
호와께서 내리실 재앙은 이러하니 곧
섰을 때에 그들의 살이 썩으며 그들
의 눈동자가 눈구멍 속에서 썩으며

6】

7】

8】

9】

10】

11】

12】

그들의 혀가 입 속에서 썩을 것이요
13 그 날에 여호와께서 그들을 크게 요
란하게 하시리니 피차 손으로 붙잡으
며 피차 손을 들어 칠 것이며
14 유다도 예루살렘에서 싸우리니 이 때
에 사방에 있는 이방 나라들의 보화
곧 금 은과 의복이 심히 많이 모여질
것이요
15 또 말과 노새와 낙타와 나귀와 그 진
에 있는 모든 가축에게 미칠 재앙도
그 재앙과 같으리라
16 ○ 예루살렘을 치러 왔던 이방 나라
들 중에 남은 자가 해마다 올라와서
그 왕 만군의 여호와께 경배하며 초
막절을 지킬 것이라
17 땅에 있는 족속들 중에 그 왕 만군의
여호와께 경배하러 예루살렘에 올라
오지 아니하는 자들에게는 비를 내리
지 아니하실 것인즉
18 만일 애굽 족속이 올라오지 아니할 때
에는 비 내림이 있지 아니하리니 여
호와께서 초막절을 지키러 올라오지
아니하는 이방 나라들의 사람을 치시
는 재앙을 그에게 내리실 것이라
19 애굽 사람이나 이방 나라 사람이나
초막절을 지키러 올라오지 아니하는
자가 받을 벌이 그러하니라

13】

14】

15】

16】

17】

18】

19】

20 그 날에는 말 방울에까지 여호와께
성결이라 기록될 것이라 여호와의 전
에 있는 모든 솥이 제단 앞 주발과 다
름이 없을 것이니
21 예루살렘과 유다의 모든 솥이 만군
의 여호와의 성물이 될 것인즉 제사
드리는 자가 와서 이 솥을 가져다가
그것으로 고기를 삶으리라 그 날에는
만군의 여호와의 전에 가나안 사람이
다시 있지 아니하리라

20】

21】

말라기

(1-4장)

1

1 여호와께서 말라기를 통하여 이
스라엘에게 말씀하신 경고라

여호와께서 이스라엘을 사랑하시다

2 ○ 여호와께서 이르시되 내가 너희
를 사랑하였노라 하나 너희는 이르기
를 주께서 어떻게 우리를 사랑하셨나
이까 하는도다 나 여호와가 말하노라
에서는 야곱의 형이 아니냐 그러나
내가 야곱을 사랑하였고
3 에서는 미워하였으며 그의 산들을 황
폐하게 하였고 그의 산업을 광야의
이리들에게 넘겼느니라

1】

2】

3】

4 에돔은 말하기를 우리가 무너뜨림을
당하였으나 황폐된 곳을 다시 쌓으리
라 하거니와 나 만군의 여호와는 이
르노라 그들은 쌓을지라도 나는 헐리
라 사람들이 그들을 일컬어 악한 지
역이라 할 것이요 여호와의 영원한
진노를 받은 백성이라 할 것이며
5 너희는 눈으로 보고 이르기를 여호와
께서는 이스라엘 지역 밖에서도 크시
다 하리라

제사장과 백성들의 죄

6 ○ 내 이름을 멸시하는 제사장들아
나 만군의 여호와가 너희에게 이르기
를 아들은 그 아버지를, 종은 그 주
인을 공경하나니 내가 아버지일진대
나를 공경함이 어디 있느냐 내가 주
인일진대 나를 두려워함이 어디 있느
냐 하나 너희는 이르기를 우리가 어
떻게 주의 이름을 멸시하였나이까 하
는도다
7 너희가 더러운 떡을 나의 제단에 드
리고도 말하기를 우리가 어떻게 주
를 더럽게 하였나이까 하는도다 이는
너희가 여호와의 식탁은 경멸히 여길
것이라 말하기 때문이라
8 만군의 여호와가 이르노라 너희가 눈
먼 희생제물을 바치는 것이 어찌 악하

4】

5】

6】

7】

8】

지 아니하며 저는 것, 병든 것을 드리
는 것이 어찌 악하지 아니하냐 이제 그
것을 너희 총독에게 드려 보라 그가 너
를 기뻐하겠으며 너를 받아 주겠느냐
9 만군의 여호와가 이르노라 너희는 나
하나님께 은혜를 구하면서 우리를 불
쌍히 여기소서 하여 보라 너희가 이
같이 행하였으니 내가 너희 중 하나
인들 받겠느냐
10 만군의 여호와가 이르노라 너희가 내
제단 위에 헛되이 불사르지 못하게 하
기 위하여 너희 중에 성전 문을 닫을
자가 있었으면 좋겠도다 내가 너희를
기뻐하지 아니하며 너희가 손으로 드
리는 것을 받지도 아니하리라
11 만군의 여호와가 이르노라 해 뜨는
곳에서부터 해 지는 곳까지의 이방
민족 중에서 내 이름이 크게 될 것이
라 각처에서 내 이름을 위하여 분향
하며 깨끗한 제물을 드리리니 이는
내 이름이 이방 민족 중에서 크게 될
것임이니라
12 그러나 너희는 말하기를 여호와의 식
탁은 더러워졌고 그 위에 있는 과일
곧 먹을 것은 경멸히 여길 것이라 하
여 내 이름을 더럽히는도다
13 만군의 여호와가 이르노라 너희가 또

9】

10】

11】

12】

13】

말하기를 이 일이 얼마나 번거로운고
하며 코웃음치고 훔친 물건과 저는
것, 병든 것을 가져왔느니라 너희가
이같이 봉헌물을 가져오니 내가 그것
을 너희 손에서 받겠느냐 이는 여호와
의 말이니라
14 짐승 떼 가운데에 수컷이 있거늘 그
서원하는 일에 흠 있는 것으로 속여
내게 드리는 자는 저주를 받으리니
나는 큰 임금이요 내 이름은 이방 민
족 중에서 두려워하는 것이 됨이니라
만군의 여호와의 말이니라

14】

제사장들에 대한 명령

2 1 너희 제사장들아 이제 너희에게
이같이 명령하노라
2 만군의 여호와가 이르노라 너희가 만
일 듣지 아니하며 마음에 두지 아니
하여 내 이름을 영화롭게 하지 아니
하면 내가 너희에게 저주를 내려 너
희의 복을 저주하리라 내가 이미 저
주하였나니 이는 너희가 그것을 마음
에 두지 아니하였음이라
3 보라 내가 너희의 자손을 꾸짖을 것
이요 똥 곧 너희 절기의 희생의 똥을
너희 얼굴에 바를 것이라 너희가 그
것과 함께 제하여 버림을 당하리라

1】

2】

3】

4 만군의 여호와가 이르노라 내가 이
명령을 너희에게 내린 것은 레위와
세운 나의 언약이 항상 있게 하려 함
인 줄을 너희가 알리라
5 레위와 세운 나의 언약은 생명과 평
강의 언약이라 내가 이것을 그에게
준 것은 그로 경외하게 하려 함이라
그가 나를 경외하고 내 이름을 두려
워하였으며
6 그의 입에는 진리의 법이 있었고 그
의 입술에는 불의함이 없었으며 그가
화평함과 정직함으로 나와 동행하며
많은 사람을 돌이켜 죄악에서 떠나게
하였느니라
7 제사장의 입술은 지식을 지켜야 하겠
고 사람들은 그의 입에서 율법을 구
하게 되어야 할 것이니 제사장은 만
군의 여호와의 사자가 됨이거늘
8 너희는 옳은 길에서 떠나 많은 사람
을 율법에 거스르게 하는도다 나 만
군의 여호와가 이르노니 너희가 레위
의 언약을 깨뜨렸느니라
9 너희가 내 길을 지키지 아니하고 율
법을 행할 때에 사람에게 치우치게
하였으므로 나도 너희로 하여금 모
든 백성 앞에서 멸시와 천대를 당하
게 하였느니라 하시니라

4】

5】

6】

7】

8】

9】

거짓을 행하는 유다

10 ○ 우리는 한 아버지를 가지지 아니
하였느냐 한 하나님께서 지으신 바가
아니냐 어찌하여 우리 각 사람이 자
기 형제에게 거짓을 행하여 우리 조
상들의 언약을 욕되게 하느냐
11 유다는 거짓을 행하였고 이스라엘과
예루살렘 중에서는 가증한 일을 행하
였으며 유다는 여호와께서 사랑하시
는 그 성결을 욕되게 하여 이방 신의
딸과 결혼하였으니
12 이 일을 행하는 사람에게 속한 자는
깨는 자나 응답하는 자는 물론이요
만군의 여호와께 제사를 드리는 자도
여호와께서 야곱의 장막 가운데에서
끊어 버리시리라
13 너희가 이런 일도 행하나니 곧 눈물
과 울음과 탄식으로 여호와의 제단
을 가리게 하는도다 그러므로 여호와
께서 다시는 너희의 봉헌물을 돌아보
지도 아니하시며 그것을 너희 손에서
기꺼이 받지도 아니하시거늘
14 너희는 이르기를 어찌 됨이니이까 하
는도다 이는 너와 네가 어려서 맞이
한 아내 사이에 여호와께서 증인이
되시기 때문이라 그는 네 짝이요 너
와 서약한 아내로되 네가 그에게 거

10】

11】

12】

13】

14】

짓을 행하였도다
15 그에게는 영이 충만하였으나 오직 하
나를 만들지 아니하셨느냐 어찌하여
하나만 만드셨느냐 이는 경건한 자손
을 얻고자 하심이라 그러므로 네 심
령을 삼가 지켜 어려서 맞이한 아내
에게 거짓을 행하지 말지니라
16 이스라엘의 하나님 여호와가 이르노
니 나는 이혼하는 것과 옷으로 학대를
가리는 자를 미워하노라 만군의 여호
와의 말이니라 그러므로 너희 심령을
삼가 지켜 거짓을 행하지 말지니라

주께서 임하시는 날

17 ○ 너희가 말로 여호와를 괴롭게 하
고도 이르기를 우리가 어떻게 여호
와를 괴롭혀 드렸나이까 하는도다 이
는 너희가 말하기를 모든 악을 행하
는 자는 여호와의 눈에 좋게 보이며
그에게 기쁨이 된다 하며 또 말하기
를 정의의 하나님이 어디 계시냐 함
이니라

3

1 만군의 여호와가 이르노라 보라
내가 내 사자를 보내리니 그가 내
앞에서 길을 준비할 것이요 또 너희
가 구하는 바 주가 갑자기 그의 성전
에 임하시리니 곧 너희가 사모하는

15】

16】

17】

1】

바 언약의 사자가 임하실 것이라
2 그가 임하시는 날을 누가 능히 당하
며 그가 나타나는 때에 누가 능히 서
리요 그는 금을 연단하는 자의 불과
표백하는 자의 잿물과 같을 것이라
3 그가 은을 연단하여 깨끗하게 하는
자 같이 앉아서 레위 자손을 깨끗하
게 하되 금, 은 같이 그들을 연단하리
니 그들이 공의로운 제물을 나 여호
와께 바칠 것이라
4 그 때에 유다와 예루살렘의 봉헌물이
옛날과 고대와 같이 나 여호와께 기
쁨이 되려니와
5 내가 심판하러 너희에게 임할 것이라
점치는 자에게와 간음하는 자에게와
거짓 맹세하는 자에게와 품꾼의 삯에
대하여 억울하게 하며 과부와 고아를
압제하며 나그네를 억울하게 하며 나
를 경외하지 아니하는 자들에게 속히
증언하리라 만군의 여호와가 말하였
느니라
6 나 여호와는 변하지 아니하나니 그러
므로 야곱의 자손들아 너희가 소멸되
지 아니하느니라

십일조

7 ○ 만군의 여호와가 이르노라 너희
조상들의 날로부터 너희가 나의 규례

2】

3】

4】

5】

6】

7】

를 떠나 지키지 아니하였도다 그런즉
내게로 돌아오라 그리하면 나도 너희
에게로 돌아가리라 하였더니 너희가
이르기를 우리가 어떻게 하여야 돌아
가리이까 하는도다
8 사람이 어찌 하나님의 것을 도둑질하
겠느냐 그러나 너희는 나의 것을 도
둑질하고도 말하기를 우리가 어떻게
주의 것을 도둑질하였나이까 하는도
다 이는 곧 십일조와 봉헌물이라
9 너희 곧 온 나라가 나의 것을 도둑질
하였으므로 너희가 저주를 받았느
니라
10 만군의 여호와가 이르노라 너희의 온
전한 십일조를 창고에 들여 나의 집
에 양식이 있게 하고 그것으로 나를
시험하여 내가 하늘 문을 열고 너희
에게 복을 쌓을 곳이 없도록 붓지 아
니하나 보라
11 만군의 여호와가 이르노라 내가 너희
를 위하여 메뚜기를 금하여 너희 토
지 소산을 먹어 없애지 못하게 하며
너희 밭의 포도나무 열매가 기한 전
에 떨어지지 않게 하리니
12 너희 땅이 아름다워지므로 모든 이방
인들이 너희를 복되다 하리라 만군의
여호와의 말이니라

8】

9】

10】

11】

12】

여호와를 경외하는 자들

13 ○ 여호와가 이르노라 너희가 완악한
말로 나를 대적하고도 이르기를 우리
가 무슨 말로 주를 대적하였나이까
하는도다

14 이는 너희가 말하기를 하나님을 섬기
는 것이 헛되니 만군의 여호와 앞에
서 그 명령을 지키며 슬프게 행하는
것이 무엇이 유익하리요

15 지금 우리는 교만한 자가 복되다 하
며 악을 행하는 자가 번성하며 하나
님을 시험하는 자가 화를 면한다 하
노라 함이라

16 ○ 그 때에 여호와를 경외하는 자들
이 피차에 말하매 여호와께서 그것을
분명히 들으시고 여호와를 경외하는
자와 그 이름을 존중히 여기는 자를
위하여 여호와 앞에 있는 기념책에
기록하셨느니라

17 만군의 여호와가 이르노라 나는 내가
정한 날에 그들을 나의 특별한 소유
로 삼을 것이요 또 사람이 자기를 섬
기는 아들을 아낌 같이 내가 그들을
아끼리니

18 그 때에 너희가 돌아와서 의인과 악
인을 분별하고 하나님을 섬기는 자와
섬기지 아니하는 자를 분별하리라

13】

14】

15】

16】

17】

18】

여호와께서 정하신 날

4 1 만군의 여호와가 이르노라 보라
용광로 불 같은 날이 이르리니 교
만한 자와 악을 행하는 자는 다 지푸
라기 같을 것이라 그 이르는 날에 그
들을 살라 그 뿌리와 가지를 남기지
아니할 것이로되
2 내 이름을 경외하는 너희에게는 공의
로운 해가 떠올라서 치료하는 광선을
비추리니 너희가 나가서 외양간에서
나온 송아지 같이 뛰리라
3 또 너희가 악인을 밟을 것이니 그들
이 내가 정한 날에 너희 발바닥 밑에
재와 같으리라 만군의 여호와의 말이
니라
4 ○ 너희는 내가 호렙에서 온 이스라엘
을 위하여 내 종 모세에게 명령한 법
곧 율례와 법도를 기억하라
5 보라 여호와의 크고 두려운 날이 이르
기 전에 내가 선지자 엘리야를 너희에
게 보내리니
6 그가 아버지의 마음을 자녀에게로 돌
이키게 하고 자녀들의 마음을 그들의
아버지에게로 돌이키게 하리라 돌이
키지 아니하면 두렵건대 내가 와서 저
주로 그 땅을 칠까 하노라 하시니라

1】

2】

3】

4】

5】

6】